나만 모르는 웹3 밈코인 소통론

박한우 지음

나만 모르는 웹3 밈코인 소통론

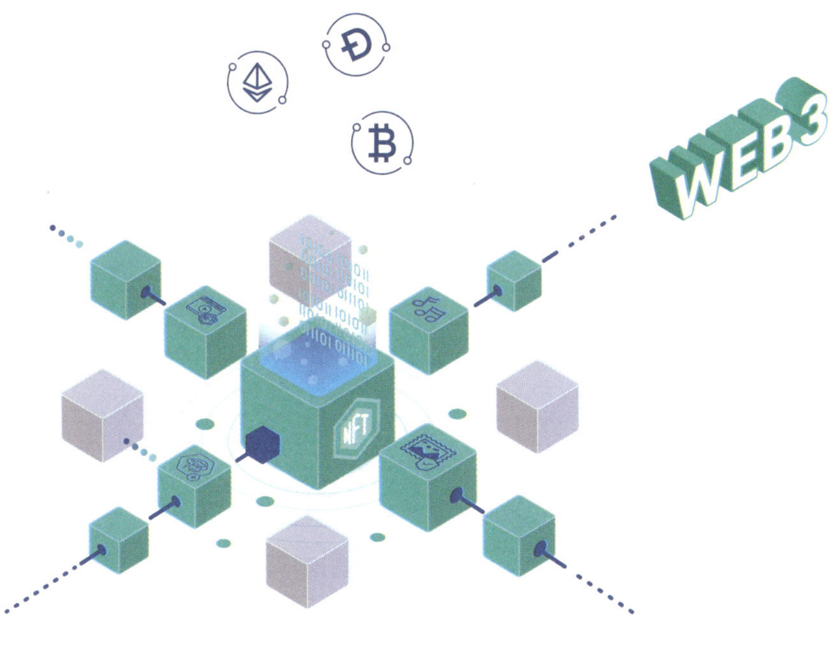

자유아카데미

저자소개

대구에서 초중고를 보내고 한국외국어대(학사), 서울대(석사), 미국 뉴욕주립대(SUNY–Buffalo)(박사)를 졸업했다. 네덜란드 왕립아카데미(NIWI–KNAW)와 옥스퍼드인터넷연구원(OII) 등 글로벌 연구기관에서 근무했다. 영남대 부임 이후에 WCU웹보메트릭스사업단, 세계트리플헬릭스미래전략학회, 사이버감성연구소 등을 주도했다.

물리적 경계 속에 한정되어 있던 인간관계와 시대이슈가 온라인을 통해서 그 경계를 자유롭게 넘나들면서, 기존 법칙에 도전하는 과정을 탐구하는 빅데이터 네트워크 방법의 권위자로 인정받고 있다.

데이터 기반 주요 연구방법론인 과학계량학(scientometrics), 하이퍼링크분석(hyperlink network analysis), 웹계량학(webometrics), 대안계량학(altmetrics), 트리플헬릭스(triple helix) 등을 국내에 소개하고 선도해 왔다. 하이퍼링크 연결망은 INSNA(International Network for Social Network Analysis) Connections가 출판한 가장 영향력 있는 연구 목록에 포함되기도 했다.

SCImago–EPI Award, ASIST Social Media Award 등 국제 저명 학술상을 공동으로 수상했다. 저명한 국제학술지인 Quality & Quantity, Journal of Contemporary Eastern Asia 편집위원장(EIC)을 현재 맡고 있다. 최근에는 Scienceasset.com의 웹3 국제학술지 ROSA Journal의

초대 편집위원장으로 위촉되었다.

사회연결망과 빅데이터를 통해서 데이터와 정보의 흐름 및 지식생산과 혁신체제 관련 이슈를 계량적으로 분석하는 전문가로서 SSCI급 저널에 100편 이상의 논문을 출판했고, 2023년 5월에 국제커뮤니케이션학회(International Communication Association)가 선정하는 석학회원(ICA Fellow)으로 뽑혔다. 국내에서 4번째로, 지방대에서는 최초이다.

글로벌 연구성과에 못지않게 이미 오래전부터 수도권과 지방 간 격차가 심해지면, 우리나라가 지속가능하기 어렵다고 지적하는 등 국내외 이슈에 대한 폭넓은 관심과 창의적 지식을 보이고 있다. 디지털 기술과 데이터 활용에 관한 중앙정부 및 지자체 자문위원으로서 이 분야에서 소외계층의 삶의 개선과 지역발전에 노력하고 있다. 특히, 빅데이터로 보는 우리 지역 세상을 탐구하자는 방향에서 '빅로컬 빅펄스(Big Local Big Pulse)' 랩을 운영하면서, 데이터 기반한 이슈탐지와 융합학문의 새로운 방향을 제시하고 있다.

박한우, 박세정 (2018). 웹보메트릭스 빅데이터를 활용한 암호화폐 홈페이지의 영향력과 연결망분석, Journal of the Korean Data Analysis Society, 20(2), 923–936.

주우붕, 박한우 (2019). 블록체인 분야의 학술연구 동향분석: 계량정보학적 네트워크분석을 중심으로. 디지털융복합연구, 17(6), 219–227.

이정민, 박한우 (2023). ENS 기반 탈중앙화 웹사이트 특징 및 주제분석. 한국콘텐츠학회논문지, 23(3), 139–149.

박한우, 이정민, 박장효 (2023). 웹3.0 시대의 탈중앙화 뉴스 웹사이트 특징 및 주제분석. 뉴스통신진흥회 연구보고서.

Park, H. W. & Ozel, B. (2019). The Rise of Blockchain Technology: Overcoming Theoretical Poverty and Its Implications for Developing Countries. Journal of Contemporary Eastern Asia. 18(2), 1–8.

Park, H.W. & Lee, Y.J. (2019). How are Twitter Activities related to Top Cryptocurrencies' Performance? Evidences from Social Media Network and Sentiment Analysis. Društvena istraživanja(Journal for General Social Issues). 28(3), 435–460.

Park, S.J., & Park, H.W. (2020). Diffusion of cryptocurrencies: Web traffic and social network attributes as indicators of cryptocurrency performance. Quality & Quantity. 54(1), 297–314.

Zhu, Y.P., & Park, H.W. (2020). Uncovering Blockchain Research Publications in Asia Compared to the Rest of the World. Journal of the Korean Data Analysis Society, 22(2), 513–526.

Park, S.J., & Park, H.W. (2021). Relations between Reputation and Social Media Marketing Communication in Cryptocurrency Markets: Visual Analytics using Tableau. International Journal of Contents. 17(1). 1–10.

Zhu, Y.–P., Park, H.W. (2022). Use of Triangulation in Comparing the Blockchain Knowledge Structure between China and South Korea: Scientometric Network, Topic Modeling, and Prediction Technique. Sustainability, 14(4), 2326.

Kim, J.H., & Park, H.W. (2023). Identifying networked patterns in memecoin Twitter accounts using ERGM. IT Professional, 25(6), 82–89.

Park, H.W. (2024). When there is no knowledge, the publishers and journals stop. ROSA Journal, 1(1), 1–2.

머리말

이 책을 열어주신 독자 여러분께 깊이 감사드립니다.

누구나 한 번쯤 들어봤을 법한 4차 산업혁명의 디지털 세상을 저자의 시선으로 새롭게 접근해 보았습니다. 개인과 조직뿐만 아니라 도시와 국가를 둘러싼 제반 환경이 '전환기'에 들어섰고, 이 기간이 지나면 승자와 패자가 분명히 구분되는 대격차가 도래함은 부인하기 힘듭니다. 이런 맥락에서 이 책을 통해 독자 여러분이 지능정보화 시대에 순탄한 삶을 살아가는 데 조금이라도 도움이 될 수 있도록 노력했습니다.

그렇다고 해서 영화에서처럼 미래사회를 화려하게 예측하는 것은 아닙니다. 이 책은 과거 사건과 현재 트렌드에 숨겨진 신호들을 찾아내 세상의 목소리를 들으려고 노력했습니다. 예를 들어, 비트코인과 이더리움의 등장과 함께 웹3는 중앙 집중적 인터넷을 탈피한 새로운 네트워크를 대변하는 단어가 되었습니다. 하지만 웹3가 구축할 분산화 환경과 시대정신을 둘러싼 사회문화적 논의가 아직 많이 부족합니다. 또한, 지방소멸과 세대 격차는 많이 이야기하고 있지만, 실제로 지금 일어나는 문화변동이 분산화 시대에 아카데믹, 비즈니스, 정부 규제의 맥락에서 어떻게 상호작용하면서 수면 위로 나타날지는 모호합니다.

이 책은 인공지능 시대의 웹3 미디어가 좀 더 인간적인 보편적 서비스로 탄생할 수 있도록 인문사회학자의 시각에서 조망했습니다. 스마트폰부터 로봇까지 첨단 기술이 우리들의 생산 활동과 이용 환경이 좀 더 유연하고 풍요로워지도록 돕는 시발점이 되었으면 좋겠습니다.

덧붙여, 언제나 그랬듯이 제 혼자만의 힘으로는 모든 내용을 제대로 완성할 수 없었습니다. 이 책에서 발견된 실수는 저자의 부족함이니 양해를 바라며, 출간 후에라도 수정사항이 있을 경우에는 자유아카데미 홈페이지(www.freeaca.com) 자료실에 제공할 예정이니 참고하시기를 바랍니다.

마지막으로 가족과 연구실 내·외부에서 한결같은 관심과 성원을 보내주신 많은 분께 이 자리를 빌려서 다시 한번 감사드립니다. 특히, 이정민, 김재훈, 현진용, 박장효가 많은 도움이 되었고, '웹3.0과 밈코인'과 '박한우의 미래칼럼' 시리즈가 있었기에 이 작업이 가능했습니다.

이 책을 읽으면서 여러분 모두의 미래가 밝아지기를 바라며 이만 줄입니다.

2024년 4월

저자 박한우(朴漢雨)

차례

2. 디지털 토큰, 가상자산, NFT 미디어

3. 일론 머스크와 밈코인 세대

1

새로운 인터넷, 웹3가 온다

카스텔스와 웹3의 새로운 이슈

저명한 미디어 학자인 카스텔스(Manuel Castells)가 2009년에 「의사소통 권력」(Communication Power)을 출판했다.[1] 페이스북(2004), 유튜브(2005), 트위터(2006) 등의 소셜 미디어가 세상에 선보인 지 오래되지 않은 시기였다. 네트워크 소통의 특성을 3가지 측면에서 설명하기를 제안했는데, 바로 대인, 대중, 대량적 자가 소통(MSC, mass self-communication)이다. 대인과 대중 소통은 우리에게 익숙했지만 MSC 개념은 낯설었다.

그는 MSC가 위에서 아래로 향하는 제어가 없고 권위적 필터링을 우회하는, 즉 다중 채널과 다중 모드에서 가능한 방식이라고 설명했다. 이 새로운 수평적 다대다(多大多) 맥락에서 개인은 데이터와 콘텐츠의 디지털화를 이끌면서 자율성을 구축하고, 더 나아가 제도적 권력에 맞설 수 있는 집단적 소통도 견인할 수 있다.

이런 주장에도 불구하고, MSC 개념은 강력한 플랫폼 기업들의 서비스를 사용해야 하는 현실적 상황에서 이론적 분석 틀에 더 가까웠다. 학술연구도 풀뿌리 행위자보다 활동가 중심의 온라인 네트워크에 MSC 모델을 부분적으로 적용하는 데 머물렀다. 대표적 사례가 위키리크스(WikiLeaks)[2]와 월가 점령(Occupy Wall Street)[3]에 나타난 사이버 활동주의 분석이다. 그렇지만 10여 년이 지나서 이러한 비판이 무색해지고 있다. 웹3 네트워크가 MSC 방식으로의 변화를 효과적으로 이끌어낼 수 있는 기술로 등장하고, 궁극적으로 긍정적 사회 변화를 일으킬 수 있기 때문이다.

웹1.0은 운영자가 콘텐츠를 제작해서 유통하고 관리와 소유에 대한 절대권 권한을 지니도, 웹2.0은 운영자가 아니라 해당 서비스를 사용하는 이용자들이 콘텐츠를 만들어서 공유한다. 하지만 생성된 콘텐츠는 이용자가 아닌 서비스 제공자인 기업에 귀속된다. 웹2.0과 유사하게, 웹3는 이용자 콘텐츠가 핵심이다.

그렇지만 해당 콘텐츠의 보관과 공유를 위해서 특정 기업에 반드시 항상 종속될 필요는 없다. 그렇다고 이용자 본인이 데이터와 콘텐츠를 저장할 서버를 구입해서 관리하는 것이 의무가 되지 않는다. 웹2.0과 다르게 서비스를 운영하는 회사에 그 권한을 위임할지 자율적으로 선택할 수 있다. 이것은 블록체인 네트워크의 탈중앙화제도(DAO, Decentralized Autonomous Organization) 방식으로 가능하다.

웹3 기술이 경제적 영역과 만나면서 대중의 관심이 폭발하고 있다. 웹2.0 시대에 페이스북, 유튜브, 구글, 온라인 게임 등은 개인이 생성한 콘텐츠와 아이템 등을 활용해 광고를 유치해 막대한 수익을 얻었지만, 콘텐츠 생성자인 개별 이용자에게 보상은 없었다. 이제는 '자체 인증 프로토콜' 방식인 웹3 기반 크립토(crypto) 코인이나 디지털 토큰 등으로 이용자 활동에 대해 보상할 수 있다.

많은 사람이 인터넷에 접속하기 위해서 엣지(Edge)와 크롬(Chrome)을 사용하고 자신도 모르게 광고에 노출된다. 하지만 웹3 브라우저인 브레이브(Brave)를 이용하면 개인정보 누출 차단과 광고노출을 자율적으로 선택하고, 가상자산인 BAT(Basic Attention Token)를 받아 거래소에서 법정화폐로 교환할 수 있다. 특히, 웹3 덕택에 개인금융이 가능하게 되면 디파이(DeFi)와 리얼파이(RealFi)가 기존에 은행에서 하던 업무와 역할을 보완하거나 부분적으로 대체할 수 있다.

디파이란 탈중앙화 금융(Decentralized Finance)의 약자로서 크립토를 매개로 담보, 대출, 예치하는 새로운 형태의 금융 시스템을 의미한다. 리얼파이는 현실(reality)을 접두사로 하여, 디파이에서 소외당한 계층까지도 포용하겠다는 목표를 내세우고 있다. 비트코인 이외 새로운 형태의 디지털 토큰의 개발과 함께 디파이와 리얼파이가 등장했으며, 제한과 장벽이 없고 탈집중화된 재정 시스템의 구축을 위해서 계속 발전하고 있다. 그러나 웹3와 디파이에 대한 비판도 거세다.

이러한 논쟁은 미국 실리콘밸리에서도 금융자본과 기술벤처의 갈등으로도 나타났다. 'a16z'로 축약되는 '안데르센 호로위츠(Andreessen Horowitz)'가 있다. 이 회사는 디지털 분야의 유망한 기업에 조기에 투자해서 수익을 최대화했다. 페이스북, 에어비앤비, 인스타그램, 코인베이스, 깃허브, 스카이프, 클럽하우스, 로블럭스 등 이름만 들어도 고개가 끄덕이는 서비스들이다. 'a16z' 설립자 안데르센(Marc Andreessen)과 트위터 설립자 도르시(Jack Dorsey)가 설전을 했는데, 도르시는 웹3가 카스텔스가 말한 MSC를 구현해 주는 것처럼 보이지만 궁극적으로 그 이득은 이용자도 개발자도 아닌 'a16z' 같은 투자회사로 쏠린다고 주장한 것이다.

2022년 7월 15일, 한국에서 '코드 컨퍼런스 2022'가 하이브리드 방식으로 개최되었다.[4] 특히 '인터넷의 변화가 디지털 패러다임을 바꾼다'라는 세션이 큰 주목을 받았는데, 인터넷의 개척자 그룹인 빈트 서프(Vinton G. Cerf), 로렌스 레식(Lawrence Lessig), 전길남 교수가 웹3에 관해 토론하는 자리였기 때문이었다. 구글 부사장인 빈트 서프는 웹3가 마케팅을 위해 만들어진 용어라며 부정적 견해를 보였으나, 전길남과 레식 교수는 웹3가 빅플랫폼을 중심으로 집중화된 데이터와 네트워크를 분산시키며 초기 인터넷 정신을 회복하는 계기가 될 수 있음을 내비쳤다.

언론은 입법, 사법, 행정부에 이어 4부로 불렸다. 하지만 언론은 비판적 의제 설정을 통한 사회적 감시 기능에 애쓰기보다 네이버와 구글 등의 포털과 검색엔진, 유튜브와 넷플릭스 등의 OTT 서비스 등에 편입하기 위해 더 노력하고 있다. 글로컬 차원에서 문어발식으로 퍼져나가는 기업들이 이용자와 데이터를 독점하고 있기 때문이다. 인터넷이 현재의 중앙 중심적 모델에서 벗어나 최소한 매개자가 있는 모델 혹은 완전히 탈중앙화된 모델로 바뀌지 않으면 안 되는 것이다. 그리고 인터넷을 혁신하고자 하는 개발자, 투자자, 이용자 등이 지금 이 순간에도 세계 곳곳에 존재하고 있다.

카스텔스의 이론적 개념이 기술적으로 가능한 현재 진행형 미래가 되었다. 웹2.0 서비스의 맞춤화된 광고는 이용자의 개인정보와 활동 내역에 기초한 사생활 감시노동이라는 비판을 받았다. 나아가 웹3가 탈중앙화의 맥락에서 다대다 수평적 소통과 자율적 보상체계를 지향한다고 말하지만, 투자자본의 본성상 이용자를 수단으로 삼을 것이라는 말도 설득력이 있다. 이 논쟁에서 분명한 건, 웹3에 관해 전문가 그룹에서도 서로 다른 입장과 전망을 보여주고 있지만, 작금의 인터넷을 둘러싼 이슈는 우리가 원했던 네트워크의 모습과는 거리가 멀다는 것이다. 레식 교수의 주장처럼 현재 인터넷은 질서가 부재하며 공

그림 1. 아마존에서 검색한 카스텔스 저서들

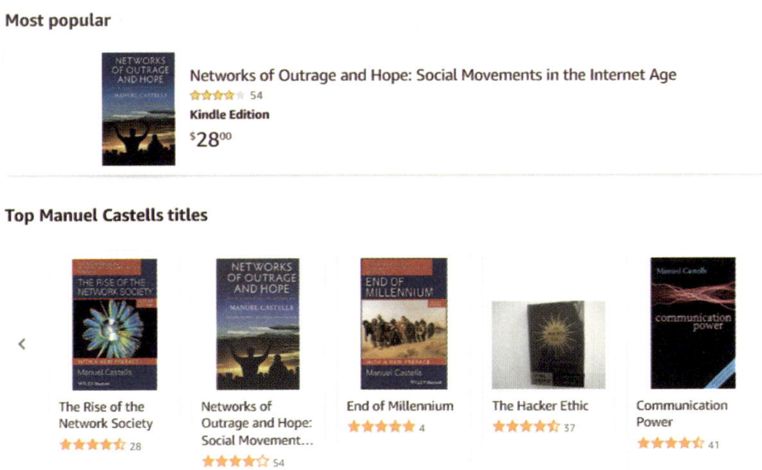

중의 신뢰도 잃어버렸다. 웹3 생태계가 제로섬(zero–sum)이 아니라 상생으로 나아갈 수 있는 혁신적 촉진과 이용자 보호 정책을 적극적으로 논의해야 할 시점이다.

웹3로 진격하는 혁신을 망치는 주체는 누구인가?

만약 월드와이드웹이 없었다면, 인터넷은 일반인이 사용하기 매우 힘들었을 것이다. 웹은 홈페이지의 모습으로 사람들에게 다가와 인터넷의 대중화를 이끌었다. 그렇지만 홈페이지 기반의 웹1은 소위 '읽기'의 시대였다. 웹사이트 운영자가 정보를 올리면, 방문자가 그 내용을 읽고 뉴스를 얻는 것이다. 웹1에서 웹2로 발전하면서 사람들이 정보를 읽는 것에 머무르는 것이 아니라, 자신의 이야기를 직접 쓸 수 있게 되었다. 즉, '읽기'에서 '쓰기'의 시대가 된 것이다. 이제 한 발짝 더 나아가 웹3는 읽기와 쓰기를 넘어서 '소유'가 가능한 인터넷을 만들고 있다. 그림에서 볼 수 있듯이, 웹1의 '정보' 경제에서 웹2의 '플랫폼' 경제로, 그리고 웹3의 '토큰' 경제로 진화 중이다.[5]

웹1은 정보를 저장한 문서(document)의 네트워크, 웹2는 정보를 생산한 대중(crowd)의 네트워크였다. 기술적으로 보면, 웹3는 그림처럼 디지털 지갑(wallet)을 매개로 데이터 교환과 정보 유통을 인증하고 실행하는 구조이다. 이른바 스마트 계약(smart contract)을 통해서 이러한 과정은 자동화될 가능성이 크다. 그리고 정보를 저장하는 창고인

그림 2. 웹의 역사

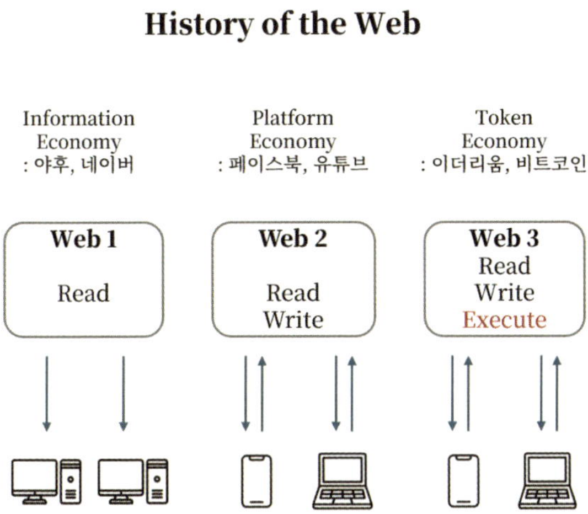

출처: Goel, A.K., Bakshi, R., Agrawal, K.K. (2022). Web 3.0 and Decentralized Applications. Mater. Proc. 2022, 10, 8. https://doi.org/10.3390/materproc2022010008 기반 저자 재구성

서버(server)와 데이터베이스가 한 곳에 집중되지 않고 분산되어 있다. 그래서 해킹 등의 침해에서 더 안전하게 설계되어 있다. 이러한 이유로 웹3가 정보보호 분야에서 자주 언급되고 있기도 하다.

물론 일반 이용자에게 눈에 보이지 않는 기술적 구조는 중요하지 않다. 사람들은 소위 컴퓨터를 마주 보며(front end) 사용하는 인터페이스(interface) 지점에서 웹3를 만나는 것이기 때문이다.

다음의 그림은 이용자가 샌드박스(Sandbox) 게임에 접속하는 화면이다. 가장 대중적인 토큰 지갑인 메타마스크 로고가 그려져 있는데, 2022년 5월 31일의 로그인에는 메타마스크만 존재했지만 1년이 지난 이 글을 쓰는 2023년 5월 31일에 접속하니 토큰 지갑의 종류가 훨씬 더 다양해졌다. 더구나 가장 먼저 나오는 브레이브는 구글 크롬과 마

그림 3. 웹2와 웹3 기술적 구조 이해하기

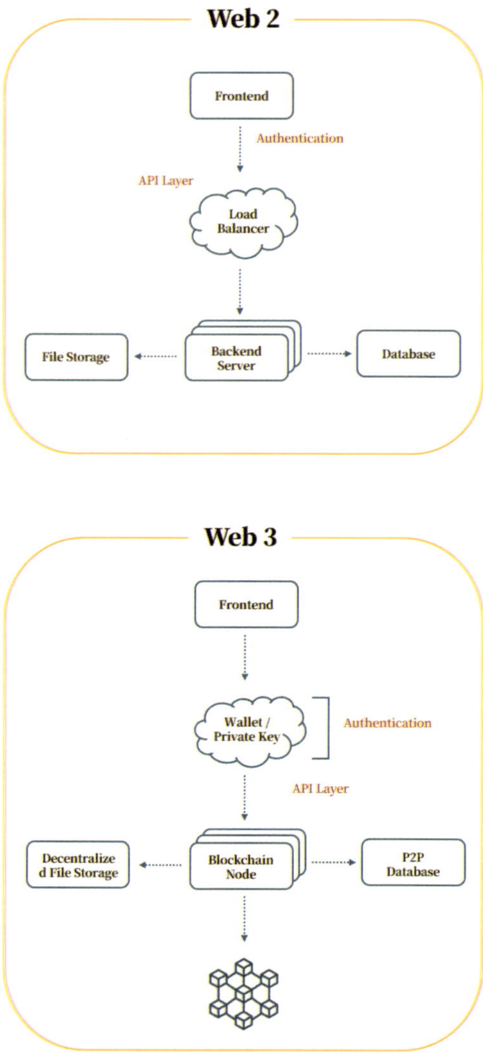

출처: https://medium.com/@k.deepak629/web3-architecture-and-tech-stack-a-complete-beginners-guide-5fc624c653ce 기반 저자 재구성

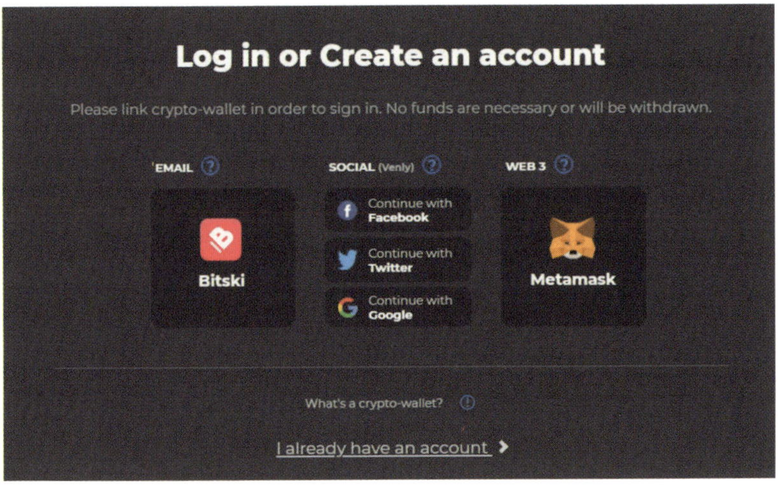

출처: https://www.sandbox.game/en/login/

이크로소프트 에지와 같이 브라우저로서 확산 중이다. 즉, 토큰 지갑을 겸용한 인터넷 탐색기인 것이다.

산업계 자료에 따르면[6] 2025년에 44억의 인구가 토큰 지갑을 사용할 것으로 예측하는데, 이것은 세계 전체 인구의 절반을 넘는 수치이

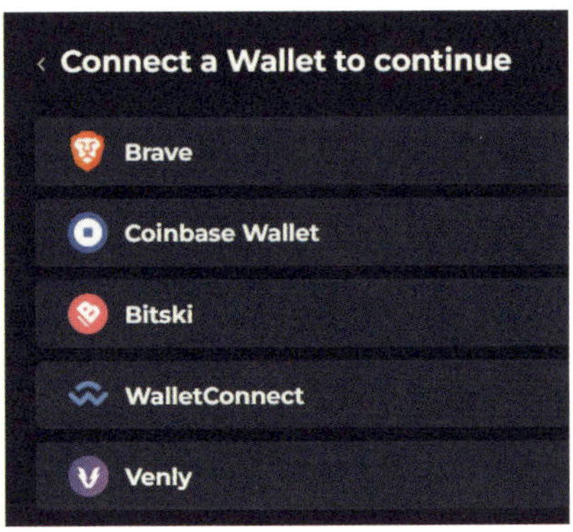

출처 : https://www.sandbox.game/en/sign

다. 이 보고서는 2026년이 되면 글로벌 전자 상거래의 54%가 토큰 지갑을 통해서 이루어질 것으로 기대한다. 물론 이 숫자가 보수적 전망이 아니라 적극적 예측임을 고려하더라도 토큰 지갑 소유자의 증가는 웹3의 대중화를 이끌 것이 분명하다.

디지털 지갑의 증가와 주목해야 할 또 다른 트렌드는 비트코인 자동입출금기(ATM)이다. 그림은 2015년 3월부터 2022년 11월까지 운영 중인 비트코인 ATM의 개수이다.[7] 2020년 1월에 6,352개였던 비트코인 ATM이 2022년 11월에 38,796개로 증가했다.

2020년 7월 현재 비트코인 ATM의 주요 제조업체는 제네시스 코인(Genesis Coin)과 제너럴 바이트(General Bytes)로 시장 점유율은 각각 34.6% 및 30.3%로 알려져 있다.[8] 비트코인 ATM이 가장 많이 설치된 국가는 2020년 7월 현재 미국이며, 전 세계 ATM의 약 83%가 미국과

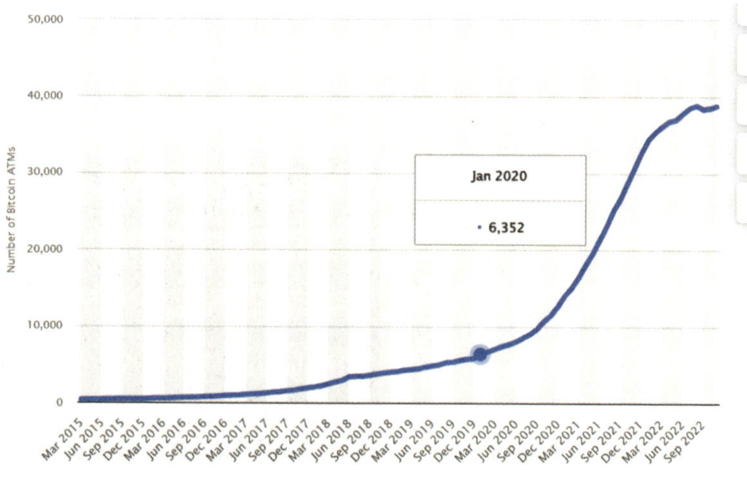

출처: https://www.statista.com/

출처: 박한우 교수, https://youtube.com/shorts/s-gRSbbrrIE?feature=share

캐나다 등 북미에 집중되어 있다. 다음 그림은 캐나다 토론토의 시내 중심가 편의점에 설치된 비트코인 ATM이다.

비트코인 이외에도 이더리움 등의 다른 가상자산도 처리할 수 있는 인근 다른 ATM을 찾으려면, 다음 그림에서처럼 coinatmradar.com 웹사이트에서 쉽게 검색할 수 있다.

토큰 지갑과 코인 ATM의 증가와 대조적으로 법정화폐를 인출하는 ATM이 점차 사라지고 있다. 어피티(UPPITY)의 2023년 5월 31일 자 머니레터는 KB국민·신한·우리·하나은행이 운영하는 ATM이 지난 6개월 동안에 무려 200개나 사라졌다는 뉴스를 전했다.[9] 비대면 디지털 결제로 현금 사용이 줄어들고 있는 상황에서, 은행들이 ATM 구입 및 관리 비용에 수천만 원의 예산을 지출하는 것을 오히려 손해라고 보기 때문이다.

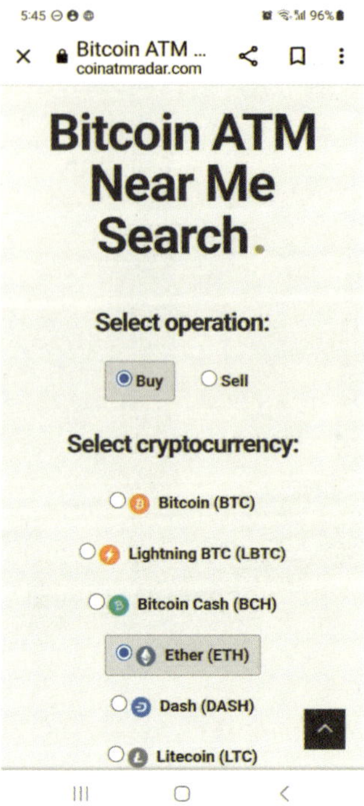

출처: https://coinatmradar.com/bitcoin-atm-near-me/

다른 한편으로 미국의 텍사스블록체인협회에서 비트코인 채굴용 전기료를 인상하는 법안(SB 1751)을 반대하는 캠페인을 지난 4월에 진행하였다.[10] 협회는 "텍사스 혁신을 망치지 말라(Don't Mess with Texas Innovation)"는 구호를 내세워 기업과 시민의 관심을 모았고, 그 결과 해당 법안은 상임위원회 통과에 난관에 봉착하여 최근 5월 30일에 입법이 결국 무산되었다. 이로써 텍사스는 북미 지역의 가상자산 채굴의 중심지 역할을 유지할 수 있게 되었다.

한편, 홈페이지(웹1) 배너 광고가 소셜미디어(웹2)에서 상호작용적 광고로 변했다. 이제 웹3의 디앱(dApp)에서 기존의 광고는 또 다른 형태의 광고로 진화될 것이다. 예를 들어, 지갑을 통해서 매개하고 인증할 수 있는 보상(reward) 기반 행위(behavior) 광고이다. 특히, 웹3는 중앙집중식에서 벗어난 분산적 암호화 네트워크이다. 따라서 중앙정부와 지자체가 블록체인과 가상자산에 대한 과도한 규제를 풀고 인센티브를 높이지 않으면, 빠른 속도로 개발되고 구축 중인 웹3 시대를 선도하는 것이 불가능하다.

웹3 서비스로 선진국의 개인과 기업이 유용한 콘텐츠와 금융상품 등에 편리하게 접근하는 시대가 오면, 우리 국민은 신기술로부터 배제된 소외 계층으로 전락할 수도 있다. 물론 아날로그로 상징되는 레거시의 후퇴와 디지털 신기술의 부상이 모두에게 좋은 변화와 진보로 귀결될지 아직 모른다. 어쩌면 미래에 대한 이러한 불확실성을 줄이기 위해서라도 새로운 웹3의 흐름을 능동적으로 파악하기 위해서 노력해야 한다.

크게 보면 대한민국이, 작게는 대구·경북이 웹3의 분야에서 선도자(first-mover)가 아닌 따라가기(catch-up) 단계에 지금 머물러 있다. 따라서 후발주자인 우리가 선진국을 뛰어넘기 위한 방향을 당장 고민해야 하는 시기이다. 혁신을 향해 가는 버스는 지각생을 더 이상 기다리지 않기 때문이다.

읽기에서 쓰기로, 그리고 이제는 페이(pay)의 시대가 열리고 있다

추석을 앞두고 필자에게 서울에 있는 한 언론사의 관계자가 연락을 해왔다. '웹3와 밈코인' 시리즈를 잘 읽고 있는데, 언론사 입장에서 어떻게 대응해야 할지 모르겠다고 고민을 털어놓았다. 이에 필자는 현재 이 분야 전문가들도, 연구기관도 정답을 내놓지 못하고 있으니, 스스로 공부할 수밖에 없다고 강조했다. 덧붙여 뉴스 제작부터 유통까지 기존 공급망의 혁신이 필요하다고 주문했다.

하지만, 진단이 아닌 처방을 원하는 언론사의 목소리를 외면해서는 안 된다. 병원 처방이 환자의 특성에 따라 다르듯이, 미디어커뮤니케이션 회사를 위한 웹3 기반 뉴스와 콘텐츠 전략도 회사의 특성에 따라 달라져야 한다. 인터넷 홈페이지(웹1)가 정보의 보편적 접근을 가능하게 했는데, 이 과정에서 독자들은 언론사닷컴에서 뉴스를 주로 읽었다.

그리고 웹2가 되면서 읽기(문해력)보다 쓰기(참여성)가 더 중요해지면서 사람들은 언론사닷컴에서 뉴스를 소비하는 것에 그치지 않았다. 포털뉴스의 댓글 공간, 동호회 카페, 소셜미디어 타임라인에서 사람들과 교류하면서 뉴스 공유를 통해 감정을 표현했다. 때때로 의견 충돌을 통해 재미를 찾고 새로운 시각을 얻었다.

언론사닷컴이 웹1에서 웹2로 전환하면서 중개자(콘텐츠 유통자)로서 역할을 제대로 하지 못하게 되자, 포털과 소셜미디어가 그 자리를 차지하게 되었다. 당시 데스킹을 맡은 국장이나 경영진은 언론사닷컴을 단순히 홈페이지를 관리하는 수준의 조직으로 저평가했기 때문이었다. 포털에 콘텐츠를 제공해 주면서도, 낡은 관행에 빠져 페이퍼 저널리즘이 최고라는 허상을 좇는 언론사는 아직도 많다.

독자와 시청자는 뉴스 콘텐츠를 단순히 소비하는 것에서 벗어나, 직접 생산하고자 하는 욕구가 있었다. 설상가상으로 웹1에서는 콘텐츠를 읽는 데 돈이 들었는데, 웹2에서는 콘텐츠를 만드는 데 돈이 들지 않게 되면서 누구나 손쉽게 콘텐츠를 생산하고 참여할 수 있는 시대가 열렸다.

웹3는 웹1의 장점을 되살릴 수 있는 기회를 제공한다. 블록체인 기반의 탈중앙화 인터넷에서 웹2의 허브 역할을 수행하던 중개자가 무력화될 수 있다. 분산적 특성을 지닌 웹3를 작동시키는 스마트 계약이 신뢰할 수 있는 중개자의 필요성을 없애기 때문이다. 또한, 포털과 소셜미디어에서 이용자가 작성한 희로애락의 콘텐츠와 사람들과 공유한 정서적 유대가 플랫폼 회사의 알고리즘에 의해 이용당한다는 이용자들의 불만과 분노가 커지고 있다. 가짜뉴스에 대한 회의와 절망도 포털과 소셜미디어가 지배한 중개자의 종말을 요구한다.

언론사는 이제 블록체인에서 스마트 계약 코드를 구현하여 제3자 없이 생산자와 이용자 간의 계약을 쉽게 실행하고 집행할 수 있다. 하지만 이를 위해서는 이용자가 언제 어디서나 보편적으로 접근할 수 있는 ID 시스템이 필요한 요소이다.

블록체인 중에서도 비트코인은 특정한 목적을 위해서 구동되는 반면, 다양한 디애플리케이션(dApp)이 실행되는 스마트 계약용 블록체인은 자기인증을 기반으로 한다. 따라서 탈중앙화 ID에 대한 인식과 초기 투자가 없다면 어떤 언론사도 현재로서는 웹3로 나아가기 어렵다.

읽기에서 쓰기로 그리고 이제는 페이(pay)의 시대가 열리고 있다. 웹1에서 수용자는 원하는 뉴스를 읽기만 했다면, 웹2에서는 뉴스에 대해 반응하기 시작했다. 이제는 웹3에서 뉴스를 통해 거래하고 싶다는 이용자의 목소리가 높아지고 있고, 나만이 알고 있는 새로운 소식과 현장감 있는 사진으로 보도 자료를 작성하여 배포하고 싶게 되었다.

그리고 이러한 뉴스를 통해 언론사가 수익을 얻었다면, 나의 노력이 인정받고 경제적으로 보상받기를 원하며, 그 보상으로는 언론사가 생산한 뉴스를 읽고 반응하는 데 지불하는 것에서 한발 더 나아가 해당 언론사의 경계를 넘어 원하는 물건을 쇼핑하는 데 사용하고 싶을 것이다. 하지만 이러한 웹3 서비스는 보편적 ID가 원활히 작동하는 스마트 계약 없이는 불가능하다.

이 과정에서 대화형 AI와 생성형 언어모델의 발전이 중요한 역할을 할 수 있다. 일반 이용자는 해당 언론사와 제휴한 생성형 AI 서비스를 통해 스트레이트 기사뿐만 아니라 기획 기사까지 작성할 수 있다. 뉴스룸의 데스킹은 이제 사람들이 매일 올리는 콘텐츠의 팩트체킹으로 변화해야 한다. 사실 웹3에서 팩트체킹의 개념은 달라질 수밖에 없다. 왜냐하면 뉴스 생산 과정에서 이용자는 시공간에 대한 자기인증 프로토콜을 이미 사용하기 때문이다.

따라서 콘텐츠의 품질에 대한 사전 검증은 AI의 몫이 되었다. 또한, 언론사는 이용자의 자발적 기여로부터 얻는 뉴스와 콘텐츠와 그들의 체류 시간으로부터 발생한 광고 수입을 독점해서는 안 된다. 언론사가 상생을 위한 제도적 노력을 갖추지 않으면, 이용자는 스마트 계약의 블록체인이 존재하더라도 결국 또 다른 신뢰할 수 있는 중개자를 찾을 것이다.

결론적으로, 언론사는 웹3 시대에 급격히 달라지는 이용자의 수요와 욕구를 충족시키기 위해 변화의 흐름을 자세히 살펴보고 대응해야 한다. 뉴스를 통해 경제적 가치를 창출하고자 하는 이용자의 욕구가 높아지고 있다. 처방전을 발급해도 약을 구입하기 위해 약값을 지불해야 하듯이, 언론사도 변화를 위해 노력을 기울여야 한다. 또한, 정기적인 진단을 통해 진행 상황을 잘 살펴봐야 한다. 마찬가지로, 쇠퇴하는 뉴스 미디어 산업을 구제할 결정적인 처방전만을 찾지 말고 조금씩 고쳐나가는 자세가 필요하다.

웹3와 디지털자산의 기술경쟁에서 이대로 밀려나는가?

암호화폐와 가상자산 활성화 방안이 윤석열 정부의 110대 국정과제에 포함됐다. 이는 디지털 변환기의 금융시스템 혁신과 메타버스 활성화를 위한 것이다. 새 정부는 디지털자산 기본법 등을 제정해서 국내에서도 코인을 합법적으로 발행할 수 있도록 추진한다. 이제 우리나라도 대체불가토큰(NFT) 등을 통해 새로운 디지털자산을 개발하고 거래할 수 있는 제도적 방안을 갖게 될 것이다. 디지털자산은 웹3 생산과 소비 활동을 직간접적으로 지원해 주는 사회적 간접자본이다.

코인 발행(ICO, Initial Coin Offering)이 금지된 우리나라와는 다르게 스위스와 싱가폴과 미국 등은 2015년경부터 ICO를 허용했다. 따라서 일찍부터 디지털자산 친화적 분위기를 조성해 왔고, 그 덕택에 해당 국가들은 디지털자산의 근본이 되는 이른바 레이어1(Layer1) 기술의 탄생지가 되어 왔다. 그리고 이제는 레이어1을 넘어서 레이어0, 레이어2, 레이어3 등으로 세분화되는 패러다임을 선도하고 있다.

미디엄닷컴(medium.com) 유명 작가인 니키 몬타나(Nicky Montana)는 다양화되는 레이어 블록 기술을 계층별로 쉽게 설명하고 있다. 그의 이야기를 중심으로 개별 레이어의 특징과 사례에 대해 여기서 간략히 정리해 보자.[11]

레이어1에 속하는 디지털자산은 자체 블록체인 플랫폼을 지니고 있다. 디지털자산 거래의 시작, 처리, 완결을 위한 고유의 네트워크가 있다. 대표적으로 비트코인(BTC)과 이더리움(ETH)이다. 그리고 솔라나(SOLANA), 리플(XRP), 카르다노(CARDANO), 바이낸스(BSC), 트론(TRX), 니어프로토콜(NEAR), 플로우(FLOW) 등이다. 레이어1은 작업증명(PoW)이나 위임증명(PoS) 방식으로 다수 혹은 권위자 검증으로 합의를 얻은 방식이다. 레이어1은 블록 생성 시간이나 분쟁 해결 등에 대한 기술적 세부 사항에 따라 디지털자산의 발행이나 운영방식이 차이가 난다. 즉, 레이어1은 분산성, 보안성, 확장성이라는 블록체인의 3가지 난제를 한 번에 해결하기 힘들다는 것이다.

다음으로 레이어0은 레이어1이 원활하게 실행될 수 있도록 네트워크와 하드웨어 등을 호환해 연결하는 것이 목적이다. 레이어0은 서로 다른 레이어1 코인들이 상호작용할 수 있도록 허용하는 플랫폼이다. 코스모스(COSMOS), 폴카닷(Polkadot), 아발란체(AVALANCHE), 비트토렌트체인(BTTC) 등이 대표적이다. 레이어1의 통신규약 즉 프로토콜이 차이가 나더라도, 애초에 생산된 디지털자산의 데이터가 경계를 넘어 유통되도록 한다. 여러 체인에 걸쳐 디지털자산에 대한 합의가 자동으로 이루어진다면, 기업이 특정한 디앱(Dapp)을 개발할 때 다른 체인에도 구동하기 위해 많은 시간과 자원을 투자할 필요가 없게 된다.

레이어1 기술이 여전히 초기 단계이지만, 레이어0은 여러 레이어1 사이에서 더 빠르고 저렴한 인프라가 되기 위해 레이어1과 거의 동시에 진화 중인 기술이다. 빅테크 분야의 투자회사 안데르션호로위츠(a16z) 웹사이트에 가면 레이어0의 방향성을 다음과 같이 설명하고 있다.[12] 레이어0은 현재 베타 버전에 가까운 기술이지만, 레이어0의 대중화를 이끌 수 있는 첫 번째 디앱은 분산금융(DeFi)에 있을 것으로 보인다. 교차 체인 대출, 수익률 집계, 상호 거래가 가능해지면, 레이어0 기반 광범위한 인프라 구축이 빠르게 이루어질 것이다.

레이어2는 레이어1을 보완하는 기술이다. 레이어1의 속도와 확장성 개선을 목표로 하고 있다. 예를 들면, 이더리움 등의 네트워크 수수료를 낮추고 1초당 처리량을 높이기 위해서 합의 알고리즘을 수정하는 것이다. 제로 지식 롤업(zk rollups), 사이드 체인 또는 데이터 송수신 처리 속도 향상과 관련된 기술이다. 폴리곤(MATIC), 아비트럼(ARBITRUM), 옵티미즘(OPTIMISM), 스타크넷(STARKNET) 등이다. 이외에 이더리움 2.0과 게임형 NFT 등을 통합하려는 이뮤터블엑스

(ImmutableX)도 있다.

레이어3은 실체가 다소 불분명하지만, 다양한 응용 소프트웨어가 작동하는 계층이다. 사람들이 네이버와 카카오 등과 같이 포털에 접속할 때 검색이 어떻게 이루어지는지 모른다. 최종 사용자로서 실제로 상호작용하는 화면을 자신이 이용하는 포털이라고 생각한다. 이와 유사하게 블록체인과 디지털자산의 기술적 측면이 아니라 이용자 인터페이스와 경험 확장을 목적으로 하는 계층이다. 몬타나는 레이어3의 사례로 메타버스를 주도하는 디센트럴랜드(Decentraland)를 비롯해 크립토키티스(Cryptokitties), 메이커(MAKER), 유니스왑(UNISWAP) 등을 말하고 있다.

정부가 디지털자산에 적대적 정책을 드러낸 지난 몇 년간 기술은 비약적 발전해 오고 있다. 비트코인과 이더리움 등처럼 레이어1 분야에서 우리나라가 주도권을 잡는 것은 이제 거의 불가능하다. 북미와 유럽의 90년대생 청년들은 레이어2 분야에서 서로 경쟁하듯 창업하고 있다. 레이어0 기술회사들은 그것의 원조인 레이어1을 위협하듯 발 빠르게 움직이고 있다. 레이어3은 NFT와 메타버스의 대중화 바람을 타고 앞으로 나아가고 있다.

특히, 레이어2와 관련된 P2E(Play-to-Earn, 플레이투언) 게임은 우리나라에서 현재 금지되어 있는데, 이는 게임산업진흥에 관한 법률의 제28조3의 환급성 조항 때문이다. P2E는 게임물관리위원회에서도 등급분류가 보류되어 있고, 설상가상으로 문화체육관광부가 윤석열 정부의 첫 업무보고에서 P2E 등 게임 산업의 현안 과제를 언급하지 않았다.[13] 한류와 K-콘텐츠 분야의 수출액 대부분이 게임에서 발생함을 간과한 것이다.

P2E 게임은 레이어3 기술과도 연관된 메타버스에도 중요한 한 축을 담당한다. 레이어1뿐만 아니라 레이어2의 애플리케이션 분야에서도 정부가 규제를 해결할 의지를 보이지 않고 있다. 이것은 디지털자산과 웹3의 미래에 어두운 전망을 낳을 수밖에 없다. 어떤 계층보다 20~30대는 정부의 P2E에 대한 무관심에 가장 실망한다. 2030 세대의 문화적 특징을 압축하면 무민세대(無+Mean)이다.[14] 이들은 어릴 때부터 무한경쟁 환경에 노출되었다. 그런 탓인지 유튜브 ASMR과 다이어리 꾸미기 등 특별히 의미가 없을 것 같은 행위에 큰 관심을 보인다. ASMR(Autonomous Sensory Meridian Response)을 번역하면 자율적이고 감각적인 쾌감형 반응이다. 유튜브에서 비디오 없이 오디오만으로 감각을 자극하는 콘텐츠를 주로 말한다.[15] P2E 문화 전반에 대한 담당 부처의 낮은 배경지식은 결과적으로 청년의 대정부 신뢰도를 낮추게 할 것이다.

투자 귀재인 워런 버핏(Warren Buffett)은 "전 세계 모든 비트코인을 25달러에도 안 산다"라고 말하면서 디지털자산에 대한 극단의 혐오를 드러냈다. 투자의 위험성에 대한 그의 경고를 완전히 무시할 필요는 없지만, 정부가 1930년생인 그의 입장을 맹종하다간 우리 청년들은 새로운 시대의 낙오자가 될 것이다. 물론 새 대통령 체제에서 기존의 정책 방향을 바꾼다고 첨단으로 향하는 기술 전쟁에서 하루아침에 기적 같은 혁신이 일어나지 않는다. 그렇지만 신발 끈을 조여매고 뛰려고 하는 미래세대의 발목을 잡는 일이 다시 일어나서는 안 된다.

그림 4. 워런 버핏과 비트코인의 구글 트렌드

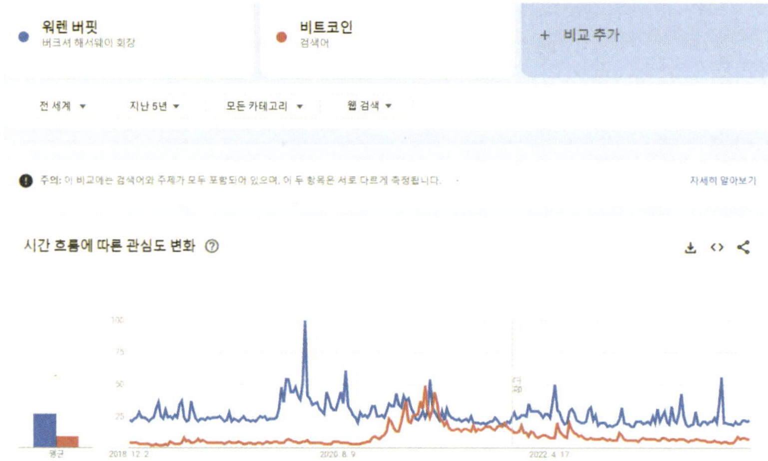

웹3의 새로운 바다를 지배할 검색포털은 누구인가?

시사 뉴스에 조금이라도 관심이 있다면 지난 몇 개월 동안에 챗지피티(ChatGPT)에 대해 조금이라도 들어보았을 것이다. ChatGPT의 등장은 2016년 인공지능 알파고(AlphaGo) 대 바둑천재 이세돌의 대국을 저 멀리 추억으로 보낼 만큼 세상을 흔들고 있다. 더욱 뜨거운 이슈는 마이크로소프트(Microsoft)가 자신이 운영하는 포털 서비스 빙(Bing, 2009)에 ChatGPT 기능을 직접 구축하여 검색시장의 강자로 등장할지 여부이다.

정보의 바다인 인터넷에서 홈페이지 주소를 직접 입력해서 접속하는 사람은 거의 없을 것이다. 검색포털에서 찾고 싶은 단어를 입력하여 해당 웹사이트를 방문하기 때문에 검색엔진이 인터넷을 들어가는 현관문이라는 의미로서 영어로 포털(portal)이라고 부르기 시작한 것이다. 해외에서는 야후(Yahoo)가 1994년에 서비스를 시작했고 구글(Google)은 1998년에 탄생했다. 그보다 1년 전인 1997년에는 다음(Daum)이 나왔고, 네이버(Naver)는 1999년에 세상에 모습을 드러냈다. 글로벌 시장에서 구글은 야후보다, 국내시장에서 네이버는 다음보다 후발주자였지만, 현재는 '구글'과 '네이버'라는 단어가 '검색'과 동의어가 될 만큼 거대한 기술기업인 소위 '빅테크'가 되었다.

사실 ChatGTP로 대변되는 새로운 인공지능 서비스만이 구글과 네이버를 위협하는 것은 아니다. 인터넷의 바다에는 새로운 파도가 끝없이 밀려온다. 따라서 구글과 네이버가 익숙한 파도만을 처리하면서 우물쭈물하고 민첩하게 행동하지 않거나, 새로운 파도의 위협을 과소평가한다면 그들도 신생 검색포털에 자리를 뺏길 수밖에 없다. 2023년 하반기에 웹3 기반의 인터넷 파도가 본격적으로 몰려오면, 사람들이 정보를 찾는 방식이 영원히 변할 수도 있기 때문이다.

현재 웹3 홈페이지의 규모는 미미하기 때문에 진지하게 대비할 단계가 아니라고 생각할 수 있을 것이다. 30여 년 전에 하나둘씩 만들던 홈페이지가 단지 시작일 뿐이었지만, 월드와이드웹(World Wide Web)의 거대한 정보 바다를 만들었다. 웹3 홈페이지를 쉽게 만드는 커넥터(connector) 애플리케이션이 나오면서, 새로운 환경에서 콘텐츠를 직관적으로 올리도록 도와주고 있다. 예컨대 니미(Nimi, https://nimi.io/)

는 자신의 웹3 프로필 페이지를 만들고 싶어 하는 누구나 간단한 절차로 홈페이지를 개설할 수 있도록 하고 있다. Nimi는 'ETH 암스테르담 2022'에서 해킹 프로젝트로 시작했고, 현재 웹3 콘텐츠 있는 모든 도메인 중 약 5%가 Nimi 페이지이며, 2022년 7월에 600개 이상의 새로운 Nimi 페이지를 설치했다고 한다.[16]

영어권에는 이미 웹3 검색포털이 나왔다.[17] 구체적으로, 에스테로이드(https://esteroids.eth.limo/)와 알머닛(https://almonit.com)이 대표적이다. 그리고 이더리움 대표 지갑인 메타마스크(https://home.metamask.io/)에 가면 웹3 홈페이지를 유형별로 분류하여 링크를 제공 중이다. 알머닛도 검색포털의 시초였던 야후와 유사하게 디렉터리(directory) 형태의 탐색기 모습을 띠고 있다. 에스테로이드는 신규, 인기, 갱신 등의 3개 메뉴를 통해서 웹3 사이트를 제시하지만, 디렉터리 방식이 아니어서 에스테로이드에 올라온 웹3 홈페이지의 수를 정확히 파악하기는 어렵다.

3개 검색포털 모두 아직은 웹3 홈페이지 주소를 수집해서 주제와 콘텐츠를 분류하여 색인(indexing)을 통해 소위 '전화번호부'를 만드는 데 집중하는 것으로 보인다. 에스테로이드가 수록한 웹3 사이트가 가장 많고 그 뒤를 알머닛과 메타마스크 등이 뒤를 잇고 있다. 그렇지만 2022년 10월에 보도된 콘센시스(ConsenSys)의 발표에 따르면[18], 메타마스크는 이제 월간 활성 사용자가 3천만 명이 넘는다. 이 숫자는 메타마스크가 2021년 하반기에 그 전의 750만 명에서 2천1백만 명의 사용자에 도달했을 때의 놀라움을 뒤로 하고, 42%의 증가를 반영하고 있다. 따라서 신흥 웹3 경제에서 누가 핵심 플레이어로 성장할지 말하는 것은 성급하다.

영남대 사이버감성연구소와 디지털융합비즈니스대학원의 이정민 연구원 등이 '한국콘텐츠학회논문지'에 게재한 최근 연구 'ENS 기반 탈중앙화 웹사이트 특징 및 주제 분석'에는 흥미로운 내용이 나온다. ENS는 Ethereum Name Service의 약자로 이더리움 블록체인을 기반으로 하는 웹3 홈페이지에 특화한 분산형 이름 지정 시스템이다. 웹1과 웹2의 인터넷 주소 서비스인 DNS(Domain Name System)와 비슷한 목표와 기능을 갖지만, 가장 큰 차이는 서버를 통해 중앙 집중 구조로 작동되는 DNS와 달리 ENS는 스마트 컨트랙트(smart contract)을 통해 분산적 구조로 작동된다. 따라서 '.eth'라는 ENS 최상위 도메인은 코인과 토큰의 거래 주소와 웹사이트 주소로 동시에 사용할 수도 있고 그 자체가 NFT로 거래되기도 가능하다.

2023년 3월 7일 현재, 통계 사이트에 따르면[19] ENS NFT는 최근 7일 동안 1,853번 판매되었고, 총판매량은 미국 달러($) 기준 1백2십2만이였다. ENS NFT의 평균 가격은 $681.4이고, 638,160 ENS 소유자가 소유한 총 토큰의 수는 2,684,577개였다. '.eth' 이름을 등록해서 소유하고자 한다면 이름의 길이에 따라 연간 요금에 차이가 나며, '.eth' 이름이 5자 이상인 경우 비용은 $5/년, 4글자인 경우는 $160/년, 3글자인 경우는 $640/년이다.

ENS 기반 590개 웹3 홈페이지를 분석한 이정민 등의 연구 결과를 보면, 가장 비싼 3자리 수 ENS를 사용한 홈페이지는 6개로 전체의 1%로 나타났고, 4자리 수는 22개로 4%인 것으로 나타났다. 저렴한 5자리 이상인 ENS는 562개, 95%로 거의 대부분을 차지했다. 3자리

ENS를 사용하는 웹3 사이트를 살펴보면, 세계적으로 가장 큰 NFT 마켓인 오픈씨(OpenSea)가 운영하는 http://sea.eth이 눈에 띄었다. 웹3 전용 브라우저인 브레이브(https://brave.com)를 통해서 이 ENS 주소를 접속하면 기존 DNS 홈페이지(https://opensea.io/)로 방문자를 이동시켜 주고 있다.

점점 더 많은 사람들이 웹3 홈페이지를 통해서 코인과 토큰 같은 디지털자산과 NFT 콘텐츠를 저장하는 데 사용하고 있다. 기존의 검색포털 시장을 위협하는 것은 ChatGPT만이 아니다. 구글과 네이버의 지배권을 공고하게 했던 정보환경 그 자체가 요동치고 있다. 상상력이 결핍돼 있거나 지난 역사에서 교훈을 얻지 못하는 기업은 점진적 혁신만을 한없이 추구한다. 하지만 가장 크고 가장 강력한 파도가 몰려오면, 파괴적 혁신을 준비하고 능동적으로 대응하는 기업만이 승자가 되는 것이다. 웹3 플랫폼에서 오늘날 미디어와 커뮤니케이션 기업이 자신의 역할을 적극적으로 설정하지 못하면, 시장으로부터 언제든지 외면받을 수 있다.

웹3와 블록체인의 기술적 비즈니스 모델과 유형별 사례들

산업동향연구소의 보고서 "웹3 기술·산업 이슈 동향과 관련 블록체인 분야 생태계 동향 및 기술 발전 전망"에 따르면 블록체인과 웹3에 대한 민간 분야의 투자, 개발, 그리고 활동이 점차 확대되고 있다. 예컨대, 글로벌 브랜드들은 제품의 토큰화를 통해 소비자가 대기업의 콘텐츠를 매개로 개인적으로 수익화할 수 있는 새로운 비즈니스 모델을 찾기 위해 노력 중이다. 왜냐하면 웹3에서 개인은 공통 관심사와 목표를 공유하는 다른 사람들과 다오(DAO)를 구성하여 과거보다 더 분산적인 비즈니스 경험이 가능해졌기 때문이다.

수요자–공급자로 양분된 전통적 모델에 웹3가 도입되면서, 수요자(소비자)가 사용자(이용자)로 나아가 참여자(소유자)라는 개념이 생겨나고 새로운 디지털 비전이 만들어지고 있다. 웹1에서 사람들은 홈페이지 운영자가 만든 정보와 콘텐츠를 탐색하고 소비하는 존재였다. 소셜 웹, 즉 웹2에서 사람들이 데이터의 직간접적 생산자가 되었지만, 결과적으로 빅테크 기업이 만든 알고리즘 기반 서비스에 지배받는 피동적 존재가 되었다. 웹1과 웹2의 단점을 극복하려는 모델이 바로 웹3이다.

이런 맥락에서, 나브딥 야다브가 분류한 블록체인 기반 웹3 기술의 비즈니스 모델을 보면 제반 환경을 이해하는 데 도움이 된다.[20] 기술적 유형이 서로 완전히 배타적으로 구분되지 않고 중첩적 영역이 존재하지만, 그는 (1) 유틸리티 토큰 비즈니스 모델 (2) 네트워크 요금 (3) 서비스형 블록체인 비즈니스 모델(BaaS) (4) P2P 블록체인 비즈니스 모델 (5) 블록체인 노드 기반 애그리게이터 등으로 접근했다. 이 유형을 마르크 샤르벨이 제시하는 웹3로의 패러다임 전환 사례와 연결하여 검토해 보자.[21]

첫째, 토큰 경제 모델은 블록체인이 합의가 필요하기에 채굴자, 검증자, 보유자 등에게 보상하는 간단한 유형이다. 사업 초기에 토큰을 저렴하게 구매하여 시세 차익을 보거나, 장기간 예치하여 이자 소득을 받는 경우도 여기에 속한다. 레이어1 분야의 솔라나와 에이다는 스테이킹(staking) 물량이 약 50~70%, 이더리움은 10% 내외인 것으로 알려져 있다. 따라서 시장에서 유통되는 토큰의 총량이 줄어들면, 토큰 보유만으로 이자 수익을 얻을 수 있다.

두 번째인 네트워크 요금은 후술할 비즈니스 모델이 원활히 수행되기 위한 근본적 영역이다. 콘텐츠 배포와 디앱(dAPP) 서비스가 운영될 수 있는 블록화된 공간을 제공하는 모델이다. 데이터와 서비스가 스마트 계약을 통해서 활성화되는 금전적 대가로 가스비(gas fee)를 청구하는 비즈니스다. 이더리움이 대표 사례이다. 보편적 운영체제로 자리 잡은 마이크로소프트 윈도우와 유사하게, 이더리움은 전 세계인이 안전하게 사용할 수 있는 네트워크 컴퓨터 환경을 꿈꾸고 있다.

유명한 콘서트와 스포츠 경기의 입장권은 첫 구매자가 반드시 관객이 되지 않는다. 유명세에 따라 더 높은 비용을 받고 재판매된다. 그러나 아날로그 시장에서는 티켓의 진짜 여부인 투명성과 재판매 횟수를 제한하는 것이 불가능하다. 그렇지만 스마트 계약을 통해서 티켓의 2차 판매 가격을 프로그래밍하거나 재판매 횟수를 제한할 수 있다. 이더리움 가스비가 들겠지만, 이벤트 업체는 종이 판매를 중지하고 NFT 티켓으로 추적성과 통제력을 획득할 수 있는 좋은 기회를 갖는 것이다.

다음 [그림 5]는 마르크 샤르벨이 제시한 것으로 Ticketmaster와 Viagogo 등과 같은 이벤트와 티케팅 분야 글로벌 기업의 현재 비즈니스 모델이, NFT 기반 웹3를 통해서 재판매 티켓의 투명성과 신뢰성을

그림 5. 이벤트/ 티켓팅에서의 웹2와 웹3 비교

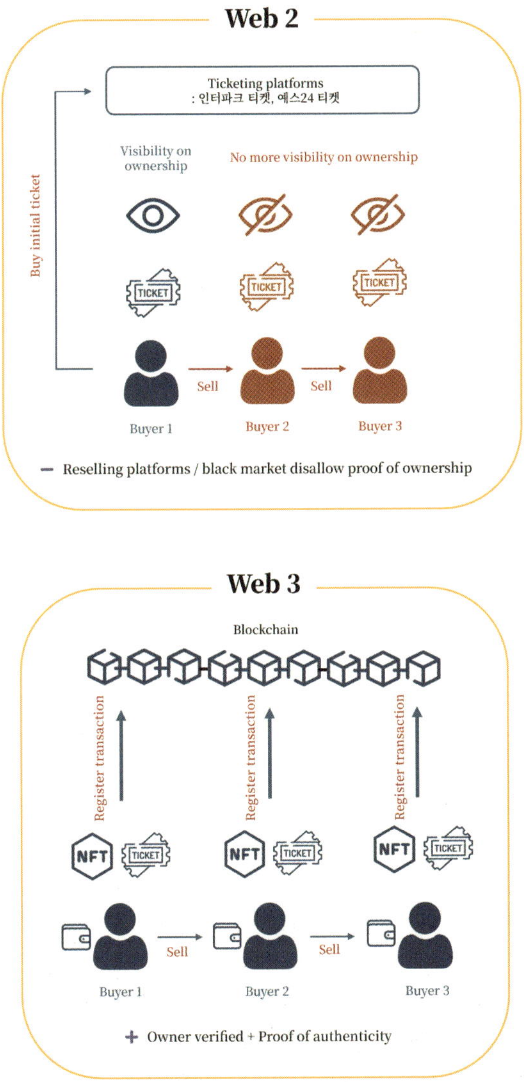

출처: https://blog.startupstash.com/five-shifts-from-web2-to-web3-b29d167dba68 기반 저자 재구성

확보할 수 있는 가능성을 보여준다.

실제로, 리버풀과 레알 마드리드 간의 2022 UEFA 챔피언스 리그 결승전에서 가짜 티켓이 꽤 나오면서 문제가 발생했다. 그림은 뉴욕타임스의 관련 보도이다.[22]

셋째, BaaS는 Blockchain as a Service의 약자이다. 이것은 정보통신의 전통적 영역과 가깝다. 아마존웹서비스(AWS)와 같은 서비스 생태계 구축을 통하여 웹3의 전반적 운영을 지원하는 것이다. 예컨대, 레이어2의 대표적 서비스로서 폴리곤 등이 추진하는 BaaS가 사례이다. 웹3 개발에서 저장, 배포에 이르기까지 블록체인과 관련된 모든 것을

그림 6. 뉴욕타임스 보도 화면

40,000 Fake Tickets at the Champions League Final? It Was Really 2,589.

The French authorities blamed tens of thousands of counterfeit tickets for the chaos before Saturday's Champions League final. The official count was far lower.

Give this article

출처: https://www.nytimes.com/2022/06/01/sports/soccer/champions-league-final-tickets.html

다루는 제품과 서비스를 패키지 형태로 제공하는 모델이다.

블록체인 기반 웹3에서 일어날 수 있는 가장 큰 변화 가운데 하나는 상호 운용성이다. 웹2에서 유기적으로 실현하기 힘들었던 부분이 서로 다른 서비스 간의 전송 여부이다. 애플 아이튠즈에서 스포티파이 플레이리스트를 사용하거나 아마존 쇼핑 카트를 이마트로 전송하기 힘들었다. 그렇지만 디지털 지갑을 통하여 NFT 자산을 경계를 넘어 보낼 수 있다. 그리고 BaaS 공급자가 서로 다른 서비스 간의 거래를 가능하게 만든다.

넷째, P2P(Peer-to-Peer) 모델은 구성원이 중개자 없이 서로 직접 상호작용할 수 있도록 지원한다. 기존의 서버-클라이언트 및 HTTP가 아닌 IPFS와 같은 방식이 사례이다. IPFS(InterPlanetary File System)는 과거에 크게 유행한 음악 및 영화 공유 서비스인 냅스터와 토렌트 등과 유사하다. HTTP 방식이 원하는 데이터를 특정한 한 개의 주소에서 한꺼번에 가져온다면, IPFS는 암호화된 값을 이용하여 다수의 컴퓨터에 분산된 파일을 불러오는 모델이다.

다섯 번째인 애그리게이터(aggregator)는 앞서 언급한 세 번째, 네 번째 모델을 혼합한 것에 가깝다. 블록체인이 작동하기 위해 필요한 노드(node)를 비롯한 여러 구성요소를 자동으로 호출 가능한 API(Application Programming Interface) 서비스 등을 포함한다. 현재 Alchemy는 다양한 블록체인을 위한 노드 공급자의 역할을 맡으며 웹3 관련 소프트웨어의 모니터링, 분석, 경고, 디버깅 및 로그인 도구를 제공하는 비즈니스를 하고 있다. 그림은 나브딥 야다브가 제시한 Alchemy 사례이다.

그림 7. Alchemy의 서비스 구조

출처: https://www.alchemy.com/

블록체인 비즈니스 모델은 탈집중화에 있다. 분산된 네트워크이지만 최소 3개 이상의 노드들 사이의 합의를 통해서 신뢰성을 확보하고 보안성을 높이는 것이다. 그리고 웹3 운영자는 사람들에게 데이터 주권을 돌려주고 나아가, 보상체계를 확립하는 것이다. 이 세상에 존재하는 모든 것을 NFT로 만들어서 투명성과 통제성을 동시에 높이자는 것은 블록체인과 웹3 환경에서 덤으로 주어지는 것이나 마찬가지다. 따라서 글로벌 기업들이 기존의 아날로그와 레거시(legacy) 웹에 비교해서 여러 전략적 이점이 있는 웹3와 블록체인을 적극적으로 채택하지 않을 이유가 없다.

웹3가 미치는 영향의 속도와 분야별 발전 동향

김남국 의원의 코인 투자로 이와 관련된 웹3 기술마저도 송두리째 부정당할 것 같은 사회적 분위기가 팽배하다. 2021년에 페이스북이 '메타(Meta)'로 이름을 변경하면서 우리나라 공공기관과 지자체는 메타버스로 우르르 몰려갔다. 그런데 관광과 쇼핑 목적으로 구축한 메타버스에서 실제 방문자를 찾아보기 어려워지자 서비스를 방치하고 사업을 중단하고 있다.[23] 메타버스의 거품이 꺼지자 제대로 추진조차 하지 않았던 웹3 서비스를 다음 차례로 말하기도 한다.

그렇다면 웹3 관련 서비스를 추진하면 또다시 유행만을 좇다가 1~2년 만에 흐지부지되고 말 것인가? 웹3도 메타버스처럼 조만간 활성화될 가능성이 전혀 없는 시기상조의 신기술인가?

한편, 해외 기관인 '미래의 오늘(Future Today Institute)'에서 발간한 '2023년 기술 트렌드 보고서 요약본(2023 Tech Trends Report Executive Summary)'을 보자.[24] [그림 8]에서 볼 수 있듯이, 웹3와 메타버스가 개별 산업에 미치는 영향의 속도는 확연히 다르다는 것을 알 수 있다. 인공지능(AI)과 로봇 등 10개의 첨단 기술이 연두색의 즉각적(near-term) 영향부터 자두색의 장기적(long-term) 관련성으로 구분되어 있다.

그런데 메타버스를 보면 연두색으로 표시된 항목을 찾을 수가 없다. 다시 말해서, 메타버스가 20개 사회 및 산업 영역에 미치는 즉각적 효과는 부재하다. 그렇지만 웹3는 4개 분야에서 즉각적 영향성이 있음을 확인할 수 있다. 첫째 정부 정책, 둘째 엔터테인먼트 미디어, 셋째 뉴스 미디어, 넷째 통신(telecommunication) 등이다. 나아가 금융 재정, 사회적 공공지원, 공급망 물류의 3개 영역에 미치는 영향이 그 다음으로 빠르게 나타날 것이라고 제시되었다.

또 다른 해외 동향을 보면, 웹3 기술을 먼저 선점하기 위해서 관련 현황을 파악하는 빅데이터 대시보드가 등장하고 있다. 대표적으로, 이더리움 재단이 운영하는 글로벌 해커톤에서 소개된 '웹3 기술 레이더'가 있다. 영어 명칭은 'Web3 Technology Radar'로 홈페이지는 https://web3radar.3327.io/이다.

웹3 기술 레이더는 분석을 위해서 4개의 항목을 만들었다. 연두색의 컴퓨터 언어 프레임워크(languages & frameworks), 하늘색의 도구

그림 8. 웹3가 20개 사회 및 산업 분야에 미치는 영향의 속도

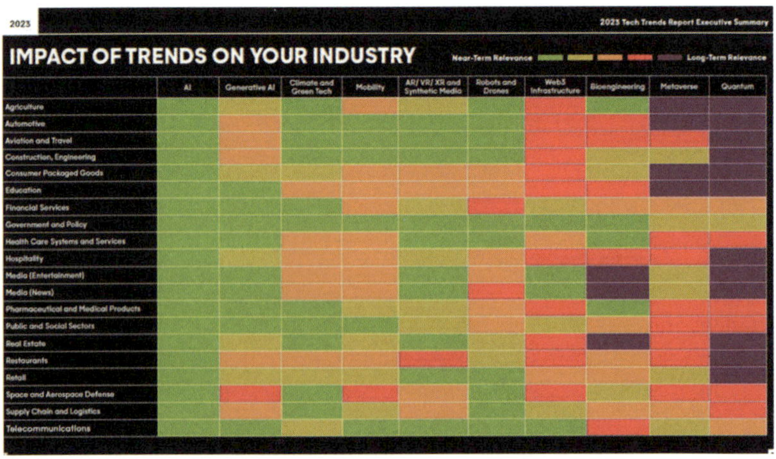

출처: https://futuretodayinstitute.com/wp-content/uploads/2023/03/2023_TR_Executive_Summary.pdf

(tools), 노란색의 플랫폼(platforms), 보라색의 테크닉(techniques)이다. 그리고 개별 요소 기술을 평가하여 역시 네 가지 등급으로 분류하였다. 원점 주변에 위치한 채택(adoption) 단계부터 방사형으로 퍼져나가고 있다. 채택 다음 단계에서부터 순서대로 위치한 시험(trial), 평가(assess), 보류(hold) 등이다.

[그림 9]를 보면, 채택 단계에는 노란색의 플랫폼 기술이 8개, 하늘색의 도구 기술이 8개, 연두색의 컴퓨터 언어 프레임워크와 보라색의 테크닉 기술이 각각 5개씩 위치하고 있음을 확인할 수 있다. [그림 10]의 플랫폼 기술을 평가한 내용을 보면, 대중적으로 꽤 많이 알려진 이더스캔(Etherscan) 체인링크(Chainlink) 연파이낸스(Yearn Finance) 유니스왑(Uniswap) 등이 이미 채택 단계에 왔음을 알 수 있다. [그림 11]의 컴퓨터 언어 프레임워크는 이더리움을 구현하는 솔리더티

그림 9. 웹3 기술 레이더가 제공하는 대시보드

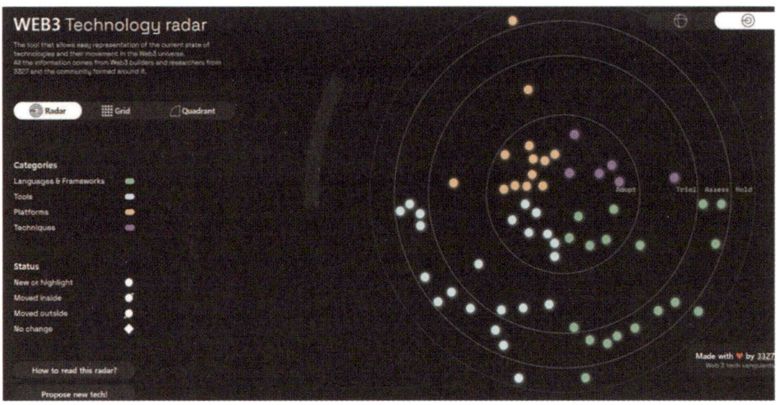

출처 https://web3radar.3327.io/

그림 10. 이미 채택 단계에 진입한 웹3 플랫폼

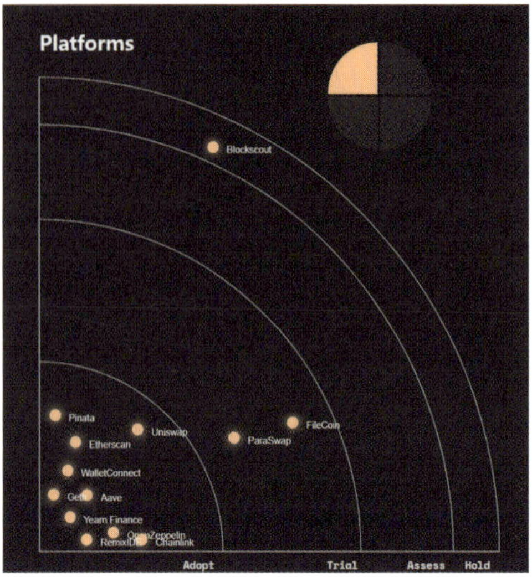

출처 https://web3radar.3327.io/

그림 11. 웹3 분야의 컴퓨터 언어 프레임워크의 현재 수준

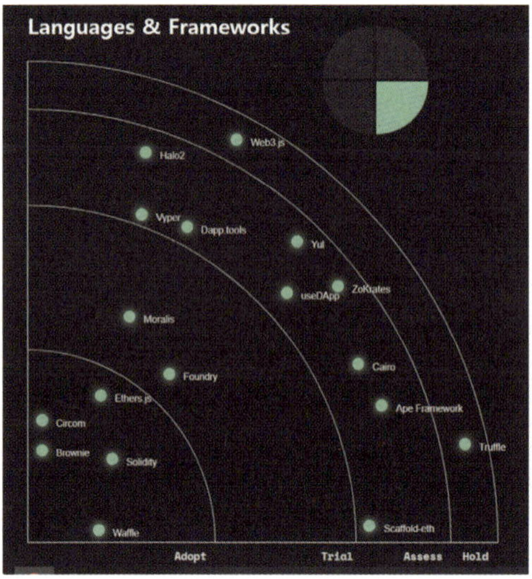

출처 https://web3radar.3327.io/

(Solidity)를 비롯해 대여섯 개가 이미 정착 단계로 진입했음을 보여준다. 반면에 Web3.js는 아직 지켜보자는 홀드(hold) 단계이다.

챗GPT의 등장 이후, AI를 향한 글로벌 경쟁은 이미 시작했다. 앞에서 살펴본 해외 동향에서도 AI가 우리 사회와 산업에 미치는 영향은 거의 모든 분야에서 즉각적으로 나타남을 알 수 있었다. 그렇지만 AI의 자동화된 알고리즘이 사회와 산업에 스며들어 통합되기를 기대한다면 웹3 인프라가 필수적이다. 웹3가 제공하는 이용자 차원의 인증 없이 AI 기술은 신뢰하고 안전한 서비스를 제공하기 어렵기 때문이다. 사람들이 기대하는 고도화된 AI의 실용적 사용 사례는 웹3 기반의 자율적 인증과 보안 시스템의 동반 구축이 필수이다.

이런 관점에서 보면, 메타버스 사업도 당장 방문자가 없다고 구축을 중단하거나 서비스 철회를 선언할 필요는 없다. AI로부터 즉각적 성과를 획득하기 위해서는 관련된 다른 기술인 신뢰할 수 있는 분산형 웹3와 집합적인 가상 공유 공간인 메타버스가 제대로 작동해야만 한다. AI 전환과정에서 웹3와 메타버스의 역할이 무엇인지 그리고 그것이 AI와 원활히 결합할 때, 사회와 산업에 어떤 전략적 가치를 추가하는지 이해해야 한다. 즉, AI를 덧셈이 아닌 곱셈의 기술로 육성하는 전략은 웹3와 메타버스를 중요한 차원으로 포함해야 한다.

AI의 열풍으로 웹3와 메타버스 등의 신기술을 불완전하게 느끼는 사람들이 더 많아지고 있다. 하지만 AI 사업과 서비스도 아직 충분히 개발되지 않았음을 명심해야 한다. 우리는 당장 내년에 닥쳐올 기술의 발전에 대해서는 과대평가하지만 10년 뒤에 올 변화는 과소평가하는 경향이 있다. 공중전화에서 휴대폰으로 그리고 스마트폰으로 이어진 통신 단말기의 혁명이 AI폰으로 귀결될 가능성이 높다. 그렇게 되면 웹3와 메타버스를 초기 기술 모음일 뿐이라고 경시한 태도를 후회할 수 있다.

오늘도 혁신적 기업들은 오락과 뉴스 미디어 분야 등에 초점을 맞춘 웹3의 실험과 학습을 누적하고 있다. AI폰이 메타버스를 쉽게 가능한 인터페이스를 제공하면, 웹3의 파괴적인 잠재력이 향후 수십 년 동안 우리들 삶의 다양한 차원을 넘나들 것이다. 지금은 풍부한 상상력으로 웹3 기술을 지속적으로 성숙 및 발전시켜야 할 시기이다.

블록체인과 AI 기술의 융합으로 웹3 시대의 콘텐츠 혁신을 주도하자

영어 단어 트레일블레이저(trailblazer)는 삼림이 울창한 곳이나 미개척지 등에서 길을 잃은 사람들을 위해 길을 표시해 주는 사람을 뜻한다. 다시 말해, 어떤 분야를 개척하는 선구자이거나 이런 역할을 하는 기술을 일컫는 말이다. 콘텐츠유니버스코리아는 2023년 11월 8일부터 10일까지 3일간 일산 킨텍스에서 열린 행사로, 참가자들이 72시간 동안 텐트에서 캠핑하면서 콘텐츠와 관련된 다양한 프로그램을 즐기는 축제였다.[25] 이 행사는 콘텐츠 산업의 새로운 가능성을 제시했다는 평가를 받으며, 웹3 시대의 트레일블레이저로 주목받고 있다.

한편, 웹3 분야에서 최근의 트레일블레이저는 EDNS(Ether Domain Name Services)이다. 공식 홈페이지에 따르면, EDNS 도메인은 이더리움 위에 사이드체인 및 확장 솔루션인 폴리곤(Polygon)을 기반으로 구축된 탈중앙화된 이름 서비스로, 닷웹3(.web3)로 끝나는 주소를 제공한다.[26] 이 주소는 웹3 서비스의 주소를 쉽게 기억하고 찾을 수 있도록 도와준다. 또한, 보다 많은 사용자에게 서비스를 제공하기 위해 EDNS는 이메일, 저장공간, NFT, DeFi, 게임Fi, 메타버스 등을 블록체인 기술을 활용하여 지원하기 위해 확장될 예정이다.

EDNS는 대중화를 위한 첫걸음으로, 닷이스(.eth)로 끝나는 기존 ENS 보유자들에게 닷웹3의 EDNS 도메인을 무료로 제공했다. 오픈씨(opensea.io)에 접속하면 ENS와 동일한 이름이지만 확장자가 다른 EDNS가 자신의 계정에 존재하는 것을 쉽게 확인할 수 있다(그림 12). EDNS는 2022년에 시작되었지만, 2023년 연말이 다가오는 현재에도 EDNS 2.0의 본격적 출시 시기는 아직 확실하지 않다.

웹3 분야의 새로운 혁신은 생성형 인공지능(AI) 기술이다. 이미 대화형 AI 서비스는 많은 관심을 받고 있으며, 그 대표적인 예로는 챗

그림 12. ENS 기존 보유자에게 제공한 EDNS 주소

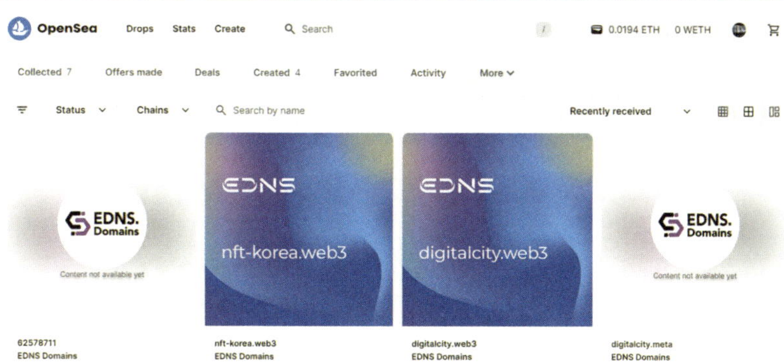

GPT, 구글 Bard, 메타 Llama 등이 있다. AI 기술을 웹3의 도메인, 스토리지, 통신 등에 적용하면, 사람들이 웹3에 요구하는 다양한 요구사항을 충족시킬 수 있는 혁신적인 솔루션이 될 가능성이 크다. 예를 들어, 소비자가 자신이 만들고 싶은 웹3 서비스를 입력하면, 생성형 AI가 가격과 이용 가능 여부 등을 고려하여 최적의 EDNS 도메인을 추천해줄 수 있다.

이제는 블록체인과 AI 기술이 만나야만 웹3의 중추적인 로드맵을 그릴 수 있는 시기이다. 따라서 웹3의 확산에 의심 가득한 시선을 보였던 정부도 벤처 기업의 이 분야 진출을 돕기 위해 발 벗고 나서야 한다. 학계에서도 블록체인과 AI의 융합이 디지털 미래 구조의 새로운 패러다임을 제시할 수 있다는 가능성에 주목하고 있다.[27]

AI는 데이터 분석을 통해 기계학습을 강화하고 있는 지능정보화의 선두주자이며, 산업 전반에 걸쳐 예측 가능한 정확성과 미래 통찰력을 제공할 수 있는 능력이 있는 미래 기술 발전의 핵심이다. AI가 지닌 강점을 블록체인 분야에 적용하면, 웹3의 핵심 서비스인 디앱(dApp) 제품의 투명성과 불변성을 보장할 수 있다. 해킹에 대한 디지털 지갑의 보안을 강화할 수 있다. 또한 분산화된 원장(ledger) 시스템의 효율성을 높일 수 있다

AI는 미래를 예측하는 기계이다. 따라서 의료, 금융, 물류 및 제조와 같은 분야에서 최적의 확률을 지닌 분산원장기술(DLT) 구조를 알려줄 수 있다. 예를 들어, 부산항은 블록체인 기반의 스마트 물류 시스템을 도입하여 화물자동차 터미널의 경쟁력을 강화하였다. 향후 이러한 시스템을 해외에 수출하려면 지역적 특성이 다른 해외 개별 항

구의 화물 운송 시간과 비용, 경로 추적 로그 시스템에 맞게 DLT를 재구성해야 한다. AI는 숨겨진 최적의 물류 경로를 찾아내고 안전성, 신뢰성 및 보안 문제에 대한 해결책을 제시할 수 있다.

소비자가 만나는 웹3 화면의 안정성을 보장하기 위해서는 스마트 컨트랙트 시스템이 백엔드 역할을 제대로 수행해야 한다. 이 과정에서 컨트랙트의 특정 조건이 충족되면 AI 알고리즘에 의해 자동으로 해당 서비스가 실행되는 지능화된 블록체인을 구현할 수 있다. 스마트 계약과 AI 기반 의사결정의 융합을 통해 웹3 서비스는 사회, 경제, 문화 전 분야로 확산될 수 있다.

웹3 대중화를 위한 관건은 바로 디지털 지갑의 편리성과 보안성이다. 그러나 대화형 AI 모델을 적용하면 디지털 지갑의 사용자 인터페이스(UI)와 경험(UX)을 높일 수 있다. 또한, 코인과 토큰, 즉 가상자산과 관련된 개인 정보 보호 문제를 해결할 수 있다. 한 단계 더 나아가면, 블록체인과 AI의 통합 시스템에서의 데이터 수익화 문제를 해결할 수 있다. 데이터의 생성 출처와 유통 경로가 추적되기 때문이다.

블록체인과 AI 기술이 적절하게 결합되면, AI 제품과 서비스는 블록체인으로부터 무수히 다양한 가능성을 얻을 수 있다. 빅데이터를 효율적으로 처리하기 위해서는 AI는 기본적으로 중앙에 위치한 서버를 중심으로 패턴을 찾아내고 알고리즘을 최적화한다. 하지만 집중성으로 인해 데이터 수집과 처리의 효율성은 높지만 신뢰성은 낮아진다. 블록체인을 활용한 분산형 AI 모델과 지분증명(PoS) 응용 서비스는 중앙성의 부작용을 줄이고 블록체인과 AI의 시너지 효과를 높일 수 있다.

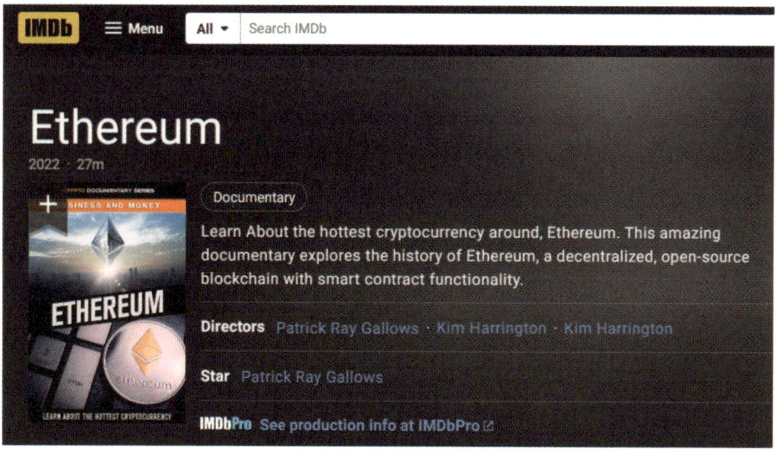

그림 13. 이더리움을 다룬 다큐멘터리 영화

웹3와 AI 기술의 결합은 차세대 디지털 혁명을 가속화하고 새로운 기회를 창출할 것임이 틀림없다. 그러나 이러한 융합에는 도전이 따른다. 신기술의 대중화를 위해서는 혁신 곡선에서 죽음의 계곡(death valley)으로 불리는 시장 침체기를 극복해야 한다. 이외에도 실무자가 극복해야 할 장애물은 환경, 사회, 거버넌스, 즉 ESG의 3대 요소이다.

웹3와 블록체인을 둘러싼 에너지 소비와 사기(scam)라는 프레임은 우리 사회에 이미 깊이 자리 잡았다. 따라서 우리 앞에 놓인 디지털 ESG와 윤리의 특별한 과제를 제대로 이해하여 웹3와 AI 기술이 융합되어 이전에 불가능하다고 여겨졌던 이슈들에 대한 해결책을 제공하는 미래를 만들어야 할 것이다.

소비자 교육으로 웹3 위험요인을 이해하고 대중화도 앞당기자

비트코인과 이더리움 등이 바로 직전의 최고 가격을 언제 넘어설지는 요원해 보이지만, 블록체인 기반 웹3의 대중화는 우리 곁에 가까이 와 있다. 여러 사례 가운데에서 최근에 가장 주목해야 할 사항으로 세일스포스의 웹3 프로그램이 있다.[28] 세일스포스는 디지털 기술을 통해 고객관계관리(CRM, customer relationship management)를 수행하는 기업이다. 김영국, 김평호, 김지민 등이 2019년에 공저한 "세일즈포스, 디지털 혁신의 판을 뒤집다"를 읽어보자. 세일스포스는 삼성전자와 현대자동차 등 글로벌 15만 고객사를 대상으로 저비용 신속한 정보기술(low costs, fast IT)을 제공하는 것으로 유명하다.

웹3를 둘러싼 불확실성이 수년째 사라지지 않은 상황이다. 삼성전자와 현대자동차 등과 같은 세계적 대기업도 웹3가 제조와 유통의 미래가 될 것임을 확신하지 못하기에 과감한 투자를 망설이는 상황이다. 세일스포스가 일류 기업들을 위해 웹3 대전환으로 가기 위한 플랫폼 구축에 나서고 있다. 고객사의 고민을 해결하기 위해서, 웹3를 통한 영업 혁신 플랫폼을 제안하고 웹3의 관점에서 고객의 데이터를 수집 및 관리하겠다는 것이다. 무엇보다 세일스포스가 온라인으로 제공하는 웹3 교육콘텐츠는 고객사와 소비자 모두에게 유용한 가이드이기도 하다.

이번 호는 세일스포스의 웹3 교육내용을 전체적으로 살펴보고, 특히 웹3를 매개로 전개되는 소비시대의 위험요인을 체계적으로 정리하

그림 14. 세일스포스 웹3 교육내용

출처: https://trailhead.salesforce.com/ko/content/learn/trails/explore-web3

는 것이 목적이다. 세일스포스의 웹3 소비자 교육은 크게 6개의 모듈(module)로 구성되어 있다. 각 모듈의 제목을 보면, 그 내용을 직관적으로 알 수 있게 되어있다.

① **웹3** 인터넷의 미래. 이 모듈은 디지털 경제를 변화시키는 혁신적인 기반 기술로서 웹3를 이해하고 웹3에서 커뮤니티를 만들고 신뢰와 안전 이슈에 대한 맛보기 단계
② **NFT(non-fungible token)** 대체 불가능한 토큰의 개념, 작동원리, 역할, 목적 등을 살펴보기
③ **디지털 지갑** 디지털자산을 보관하고 지갑의 선택, 설정, 연결하기
④ **DAO(decentralized autonomous organization)** 분산된 자율 조직의 운영방식과 유형 및 교훈
⑤ **스스로 통제하기(self-custody)와 디지털 소유권** 정보의 인터넷에서 가치의 인터넷으로 발전하면서 나타난 새로운 상거래 유형과 디지털 지갑 활용법
⑥ **디지털 지갑의 보안을 위한 최선의 관행** 디지털 지갑을 위협하는 상황에서 당신의 자산을 이체하고 관리하기

소비자 관점에서 우려스러운 것은 거래 안전성과 지갑 보안성이다. 인터넷으로 연결된 것은 해킹이 가능하다. 잊을만하면 나오는 뉴스가 가상자산 거래소와 블록체인 네트워크의 해킹이다. 이 소식을 들을 때마다 웹3를 향한 대중의 신뢰는 하락한다. 그런데 사실 해커는 개별 소비자의 지갑을 소프트웨어를 통해서 직접 해킹하지 않는 편이

다. 사기꾼은 코드를 플레이(play)하지 않고 사람들의 심리를 악용해서 조종한다.

당신의 신뢰를 얻기 위해 합법적 사이트와 동일하게 보이는 가짜 상황을 만들어서 디지털 지갑의 비밀번호(mnemonic)를 탈취한다. 소비자는 NFT 생성을 위해 스마트 계약에 접속했다고 생각할 수 있지만, 사실은 사기꾼이 당신이 스마트 계약의 상세한 과정을 보지 않는 것을 악용하여 소비자 지갑에 있는 NFT를 탈취하는 것이다. 즉, '블라인드 서명(blind signing)'이 발생한다. 이러한 사회적 공학 공격을 방지하기 위해서는 확인되지 않은 링크를 주의하고 사이트의 진실성 여부를 확인해야 한다. 또한, 전체 스마트 계약 세부정보를 표시할 수 있는 '클리어 서명' 시스템을 통해 거래해야 한다.

궁극적으로 온라인 상태에서 해킹의 위협에 취약한데, 이 문제는 하드웨어 콜드(cold) 지갑을 사용하여 비교적 쉽게 해결할 수 있다. 콜드 지갑은 여권과 유사하게 보안 칩을 사용하여 레이저 공격, 전자파 변조와 같은 위협으로부터 보호한다. 지갑에 설치된 앱과 디지털자산 계정이 개별적으로 관리되어, 외부 공격을 통해 침입 된 손상이 격리되어 나머지 부분에 영향을 미치지 않는다. 무엇보다 소비자는 지갑을 구입할 때 복구 기능의 포함 여부를 확인해야 한다. 지갑에 개인정보가 저장되어 있으므로 지갑을 분실하거나 파손했을 경우 온라인으로 복구할 수 있는지 여부이다.

하드웨어 지갑의 단점은 구입비용, 물리적 손상, 환경설정의 어려움 등이다. 반대로 핫(hot) 지갑은 인터넷에 연결된 메타마스크와 트러스트월렛 등으로 거래가 편리하지만, 콜드 지갑보다 해킹 공격에 더

그림 15. 판매 중인 하드웨어 콜드 지갑들

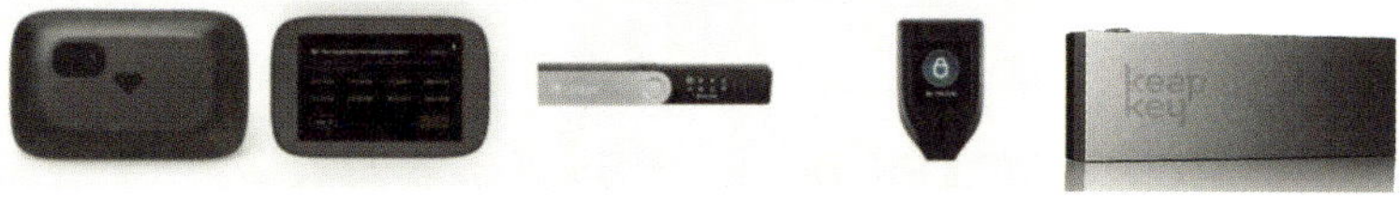

출처: https://medium.com/coinmonks/the-best-cryptocurrency-hardware-wallets-of-2020-e28b1c124069

취약하다.

웹3의 잠재력은 엄청나지만 여전히 대중화를 위한 어려움도 많다. 인기 있는 블록체인의 높은 거래 수수료는 대규모 확장의 걸림돌이다. 대중이 암호화폐와 분산형 플랫폼 등에 익숙하기 위해서 능동적 학습도 필요하다. 웹3 생태계 조성을 위한 정부 정책은 규제와 진흥에서 주춤하고 있다. 그렇지만 웹3 기술은 거래의 투명화에서 창작자의 권리 보장에 이르기까지 오늘날 사회와 산업이 직면한 많은 도전 과제를 해결할 수 있는 유망한 길을 제공한다. 비관론이 있기는 하지만, 웹3 기술을 어떻게 성숙시키고 정부가 민간이 이를 어떤 방식으로 채택하는지에 따라 미래의 많은 것이 좌우된다.

세일스포스의 사례에서 드러났듯이, 웹3로의 방향 전환을 위한 시도는 이미 시작되었다. 혁신을 위해서는 가상자산을 둘러싼 크립토(crypto) 대(大)사기극의 프레임을 넘어서야 한다. 웹3 교육과정과 리터러시 함양을 통해서 NFT, 디지털 지갑, DAO, 디지털 소유권 등을 근본적으로 이해하는 방법을 찾기 위해 노력해야 한다. 이제는 개개인이 소비자에게 묻지도 따지지도 말고 투자하도록 교묘하게 유도하는 사기(scam) 코인 및 토큰을 제대로 탐색하고 분석할 수 있는 역량을

그림 16. 세일스포스 웹3 소개화면

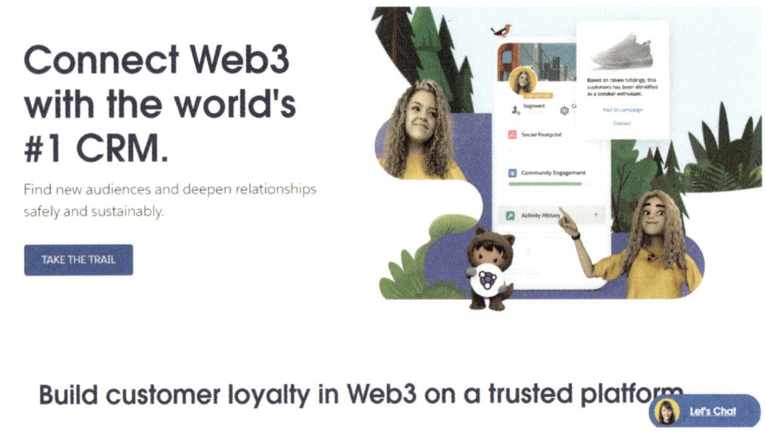

갖추어야 하는 시기이다. 그리고 디지털자산을 매개로 한 거래정보가 고객에게 투명하게 공개되는 신뢰 시스템을 정부와 민간이 협력해서 구축해야 하는 것이 중요하다.

대구경북-호치민-북미유럽을 가로지르는 똑똑한 전략이 필요하다

정보통신산업진흥원(NIPA)의 2023년 8월호 2주차 글로벌 ICT 주간동향리포트를 보자. NIPA는 글로벌 컨설팅 기업 맥킨지의 2023년 기술동향 전망((McKinsey Technology Trends Outlook 2023)을 정리해서 소개하고 있다.

다음 그림에서 볼 수 있듯이 작년부터 광풍을 일으킨 응용 AI, 특히 생성형 AI가 차세대 기술의 선도주자로 여전히 주목받고 있다. 이에 반해, 웹3에 대한 관심도는 최고점 1.0의 절반인 0.5 수준에 머물러 있다. 하지만 맥킨지는 디지털 콘텐츠의 소유권 보호를 위한 개방형 프로토콜로서의 웹3의 역할과 기능에 대해서 여전히 강조하고 있다. 웹3 분야의 채용 공고가 직전 대비 40% 증가, 620억 달러(약 81조 4,680억 원)의 투자성과가 있었기 때문이다.

글로벌 수준에 비견할 것은 아니지만, 싱가폴과 함께 동남아시아의 테크 허브로 불리는 베트남을 방문하여 웹3 분야의 성장세 여부를 확인할 수 있는 기회가 있었다. 특히, 호치민은 베트남의 디지털 테크와 교육 허브로 알려져 있다. 전체 250여 개 가운데 상위권 대학 30여 개가 위치해 있으며, 영국과 미국 등 해외에서 운영하는 국제학교도 30

맥킨지 2023 기술 동향 그래프

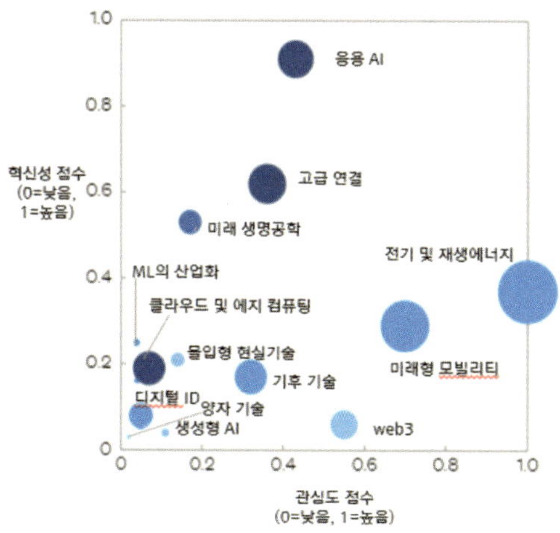

출처: NIPA 글로벌 ICT 주간동향리포트

여 개에 이른다. 동남아시아 지역에서 가장 많은 사람들이 사용하는 택시와 배달 애플리케이션으로 유명한 그랩(Grab)의 탄생지이며, 웹3 블록체인 게임으로 유명한 엑시 인피니티(Axie Infinity)의 핵심 기술팀이 소재한 것으로도 알려져 있다.

중국 소재의 글로벌 드론 회사인 디제이아이(DJI)가 범용 시장을 장악했다면, 베트남의 벤처 기업인 그림시(Gremsy)는 짐벌(gimbal) 카메라 분야에서 픽시(PIXY) SM이라는 제품으로 인기를 끌고 있다. 다음으로 비즈리(Vexere)라는 회사는 버스 티케팅 플랫폼 분야의 떠오르는 신생 벤처인데, 베트남을 시작으로 동남아 전역으로 시장을 확대해 가는 중이다. 이외에도 모빌리티 솔루션을 제공하는 마스(MaaS)와 지능형 비전(vision) 기술로 주목받는 아이큐(EyeQ) 등이 있다.

좀 더 구체적으로, 베트남의 웹3와 블록체인 생태계를 알기 위해서 IDG 캐피탈 베트남 블록체인(IDG Capital Vietnam Blockchain)를 찾았다. IDGCVB은 IDG 캐피탈 베트남이 설립한 블록체인 중심의 신규 벤처 캐피탈 펀드이다. 펀드 규모는 미화 4천만 달러 이상이다. IDGCVB은 베트남 하노이와 호치민 2곳에 사무실을 두고 있었다. 우리는 2023년 8월 16일에 호치민 본사를 방문했다.

1992년 보스턴에서 설립된 IDG 캐피탈은 벤처 캐피털, 사모펀드 및 인수합병을 전문으로 하는 투자 및 자산관리 회사이다. 바이두(Baidu), 텐센트(Tencent), 샤오미(Xiaomi)와 같은 디지털 1세대부터 리플(Ripple), 쿠코인(Kucoin), 코인베이스(Coinbase) 등과 같은 블록체인 1세대 기업까지 광범위한 투자 포트폴리오를 갖고 있다.

우리가 만난 데이비드 트란(David Tran)은 IDGCVB의 연구 책임자

(head of research) 직책을 갖고 있었다. 흥미롭게도 그는 컴퓨터공학을 전공한 박사로 현재 미국 매사추세츠대학교(U of Massachusetts) 교수로도 재직하고 있었다.[29] 인터뷰에서 트란 교수는 그가 지닌 학술적 지식과 연구정보를 바탕으로 블록체인 분야의 유망한 스타트업 발굴과 액셀러레이터 과정에서 비즈니스뿐만 아니라 포괄적인 지원이 가능함을 강조했다. 그리고 IDGCVB는 2023년 3월 말 공식 출범한 신생 펀드이지만 기존 경험을 바탕으로 2개월 만에 옥살루스, 센틱, 넥스트 비전 캐피탈 등 3개 포트폴리오에 대한 투자를 획득했으며, 포레스 네트워크가 설립한 스위치-업 엑셀러레이터 프로그램에 참여하고 있

그림 17. IDGCVB과의 회의 및 방문 활동

출처: 박한우 교수

었다.

먼저, IDGCVB가 회사 명칭에 암호화폐와 가상자산을 뜻하는 크립토(crypto)가 아닌 블록체인을 사용한 이유가 궁금했다. 크립토는 블록체인 비즈니스의 특정 부분에 불과하기 때문에, 블록체인 기반 웹3 시장 전체를 보는 것을 강조했다. 기술혁신보다 마케팅에 초점을 둔 블록체인 회사에 대해서 투자 결정에 신중한 입장을 취하고 있었다. 사실 글로벌 시장에서도 코인 발행과 토큰 경제만을 중점적으로 추구하는 메인 넷(main net)이 상당수 존재한다.

다음으로, 앞으로의 시장 상황과 출구(exit) 전략을 질문하니 IDGCVB는 전자상거래, 핀테크(fintech), 미디어 엔터테인먼트의 3개 분야에서 3년 안에 괄목할 만한 성장을 보일 수 있는 스타트업을 발굴 중이라고 했다. 포트폴리오는 베트남 60% 동남아시아 20% 미국 20% 등으로 배분되어 있다. 마지막으로, 베트남의 블록체인 생태계의

그림 18. 사이공 하이테크파크 인큐베이션센터를 방문한 영남대팀

출처: 박한우 교수

현황을 10점 만점으로 대답해 달라고 요청했고, 트란은 개인적 판단임을 전제하며 시장에서 느껴지는 참여자들의 열정은 7점이지만 수준은 4점에 불과하다고 전달했다.

사실 이번에 방문했던 호치민시경제대학(UEH) 혁신원(Innovation Institute), 스마트시티관리원(ISCM), 사이공 하이테크파크 인큐베이션 센터(SHTPIC, Saigon hi-tech park incubation center) 등과 함께했던 회의와 교류 과정에서 우리는 IDGCVB 트란 교수의 자국 시장에 대한 냉정한 평가가 객관적이라는 것을 다시 확인할 수 있었다. 빅데이터, 모빌리티, IoT(Internet of Things) 분야는 열심히 활동하는 벤처 기업들이 있었지만, 블록체인 관련 스타트업은 거의 전무했다. 창업지원센터에 입주한 웹3 혁신 기업은 없다고 해도 과언이 아니었다.

그런데 마침, 우연히 박윤하 우경정보기술 대표이사를 호치민에서 만나게 됐다. 박 대표는 '대경ICT산업협회'의 회장으로 대구·경북 ICT(정보통신기술) 업계를 대변하고 있다. 그는 호치민의 현재 수준이 우리 지역보다 높지 않지만, 낮은 인건비에 비해 고급 인력이 상대적으로 많아서 해외 투자가 증가 중이기 때문에 미래가 긍정적이라고 평가했다. 따라서 적극적 협력과 교류를 통해 지역 기업이 부족한 개발자를 공급받거나, 베트남을 매개로 북미와 유럽으로부터 투자 유치를 거둘 수도 있음을 밝혔다.

웹3와 블록체인은 미래형 분산 인터넷으로 전환하는 데 가장 필요한 기술이다. 하지만 대구·경북 지역은 서울 수도권과 경쟁하기에 인적, 물적 자원이 모두 부족하다. 그렇다고 서울권 인재와 자본이 내려오지 않는다.

한편, 베트남의 높은 잠재력과 발전 가능성 덕분에 호치민은 글로벌 자본과 로컬 인력이 서로 만나는 도시가 되고 있다. 지방정부 차원에서라도 호치민과 협력하여 학술대회와 테크 전시회 개최, 교육 및 훈련 프로그램 마련, 비즈니스 매칭 사업 등을 통해 지역 기업의 우수한 인적 자원과 기술력을 글로벌 시장에 홍보할 수 있는 기회를 적극적으로 발굴할 필요가 있다.

삼각 협동을 통한 국가혁신체제에 방점을 둔 트리플헬릭스(triple helix) 관점에서, 대구·경북–호치민–북미·유럽을 가로지르는 인력망, 자본망, 유통망 확보를 통해 우리 지역의 경쟁력을 높일 수 있는 지렛대로 활용하는 똑똑한 전략이 필요하다.

'웹3와 AI 대응을 위한 지방언론협회'를 발족해서 포털과 빅테크 종속에서 벗어나자

2023년 11월 22일부터 포털 다음(Daum)을 방문하는 사람들은 뉴스 검색을 통해서 만날 수 있는 언론사의 수가 크게 줄었다. 다음이 뉴스 검색의 기본 설정을 전체 언론사에서 콘텐츠 제휴 언론사(CP사)로 축소했기 때문이다. 네이버는 검색 결과의 기본값을 아직 바꾸지 않았지만, 곧 뉴스 검색 설정 기능을 조정할 가능성이 크다.

검색포털은 이용 비중이 높은 소수의 CP 언론사로 제한하면, 뉴스 기사 선호도가 낮은 전체 언론사를 서비스하는 것에 비해 운영의 효율성을 높일 수 있다. 또한 사람들이 포털에서 뉴스를 대부분 소비하면서, 포털 뉴스의 정치적 영향력과 잠재적 편향성에 민감하게 반응해 온 정치권도 반기는 분위기이다. 선거를 앞두고 유권자에게 실질적으로 유통되는 뉴스 매체가 감소하기 때문이다. 특정한 이슈가 국민 여론으로 의도치 않게 확산할 가능성이 낮아진다.

그러나 전체 언론사 뉴스 보기 기본 기능의 종료는 CP사와 비CP사 간의 뉴스 노출 격차를 더욱 확대할 것이다. 이는 국민의 알권리 측면에서 심각한 문제이다. 특히 지방 언론사는 현재 소수의 매체만이 CP사로 등록되어 있는 실정이다. 따라서 서울 소재 언론사의 뉴스 지배력은 지금보다 더 강화될 것으로 보인다. 윤석열 대통령이 공약한 '지방시대'는 정책 현장에서 사라지고, '서울권 강화, 다시 한번'이 전면에 나설 것이다.

다른 시각에서 보면, 뉴스 패러다임이 선택적 노출(selective exposure)에서 정보 홍수의 시대로 오면서 부수적으로 발생하는 노출(incidental exposure)로 선회하고 있다. 한발 더 나아가, 최근에 정보 소음을 지적하면서 선택적 회피(selective avoidance)를 취하는 사람들도 적지 않다. 알권리를 위해서 중요한 것은 깨끗한 물처럼 가짜 뉴스가 아닌 정제된 진짜 뉴스가 시대적 수요임을 주장하는 필터 멤브레인(filter membrane) 이론이다.

지방 언론사는 서울권에 비해 자본력과 인력이 부족하여, 뉴스 생산과 유통에 어려움을 겪고 있다. 또한, 포털 뉴스의 영향력이 커지면서 지방 언론사의 뉴스가 모바일 환경에서 직접적으로 노출될 기회가 줄어들고 있다. 윤석열 정부는 지방시대를 구현하기 위해 '지방시대위원회' 신설 등 다양한 정책을 추진하고 있다. 그렇지만 이번 검색포털의 조치는 지방 언론사의 뉴스 노출 격차를 심화시켜, 지방시대 정책의 실효성에 의문을 제기하는 목소리가 나오고 있다.

이런 상황에서 지방 언론사는 SWOT(강점/약점/기회/위협) 분석을 통해 의사결정하는 것이 무엇보다 중요하다. 예컨대, 2007년에 대통령 선거를 앞두고 온라인 공간의 정보 다양성이 위협받자, 많은 사람들이 국내 포털을 벗어나 이른바 사이버 망명을 시도했다. 따라서 CP로 제한을 결정한 포털에 실망한 이용자가 구글이나 유튜브 등으로 이탈하거나 언론사 홈페이지로 귀환할 가능성이 있다. 지방 언론사는 이를 기회로 삼아야 한다. 지방 언론사는 탈포털 시스템 구축을 통해 독자들과 직접 만나고, 뉴스의 유통과 수익 창출에 대한 주도권을 강화할 수 있었다. 특히, 지방 언론사는 웹3와 인공지능을 결합한 신규 서비스의 개발을 통해 지역사회의 특성과 요구를 반영한 뉴스를 제공하고, 독자들과 더욱 밀접하게 소통할 기회를 마련할 수 있었다.

웹3 시스템 구축은 먼저 메인넷 사업을 시작해야 한다. 최근 대구시를 비롯한 지방정부가 기업과 시민을 위한 인프라로 기능할 수 있는 메인넷 구축을 이미 시작했다. 따라서 이를 적극적으로 활용하는 방법을 고려해 볼 수 있다. 두 번째로 앞으로 나올 여러 웹3 서비스들은 탈중앙화 인터넷 주소를 중심으로 통합적으로 운영될 가능성이 크다. 이더리움네임서비스(ENS)가 대표적이다. 이에 도메인을 미리 확보하고, 웹3 포털에 조기에 등록하는 것이 중요하다.

한편, 2023년 8월경 공정거래위원회는 네이버가 AI 서비스 개발 과정에서 이용자의 콘텐츠를 이용약관에 명시된 서비스 개선이라는 포괄적인 목적으로 사용했다는 주장이 불공정하다는 신고를 받았다. 챗지피티(ChatGPT) 모회사인 오픈AI의 경우, 이용자 데이터를 불공정하고 기만적인 방식으로 수집하여 소비자에게 피해가 발생했는지를 조사하는 절차가 미국 연방거래위원회(FTC)에서 시작되었다.

따라서 지방 언론사는 포털과 AI 기업이 대화형 서비스 개발 과정에서 뉴스 기사를 알게 모르게 기계학습에 사용했다면, 경제적 보상을 요구해야 한다. 하지만 한국언론진흥재단이나 한국신문협회 등 기존 단체들은 지방 언론사의 현실을 제대로 대변하지 못하고 있다. 미국에는 지역 뉴스를 재건하기 위해 노력하는 자선단체인 '미국 저널리즘 프로젝트(AJP)'가 있다. 지난 7월에 AJP는 오픈AI와 혁신적인 지역 뉴스 분야를 지원하기 위한 새로운 파트너십을 발표했다.[30] 오픈AI는 AJP의 업무 확장을 지원하기 위해 500만 달러를 기부한다. 또한, AJP가 지역 뉴스 조직을 지원하는 데 도움이 되도록 추가로 500만 달러를 지원한다. 이 금액은 AJP의 보조금을 받는 언론사가 새롭게 부상하는 AI 기술을 평가하고 배치하는 데 도움이 되는 오픈AI의 교육 및 지원 프로그램을 지원하기 위해 사용된다. 이 협력은 지역 뉴스 산업과 오픈AI 사이의 대화 채널을 구축하고, 지역 뉴스 조직이 AI 기술을 활용하여 지역사회에 더 나은 서비스를 제공할 수 있도록 지원하는 것을 목표로 한다.

지방 언론사의 데이터 저널리즘 역량을 강화하는 데 큰 도움이 될 것으로 기대된다. 예를 들어, AI 서비스를 활용하면 지방 언론사도 대형 언론사 못지않은 수준의 데이터 저널리즘 콘텐츠를 생산할 수 있을 것이다. 이제 고급형 AI 서비스를 사용해서 공공 데이터에 대한 더

깊은 분석과 지역사회의 현안을 보다 심층적으로 파헤치고, 지역 주민들에게 더 유익한 정보를 제공할 수 있을 것이다. 일선 취재기자들이 올리는 뉴스 기사의 데스킹(desking) 시간을 줄이고 개인화된 피드백을 신속하게 전달할 수 있다. 편집기자들은 AI의 도움으로 정보를 전달하기 위한 새로운 레이아웃 형식과 이미지를 개발하고 찾을 수 있다.

당장에 지방 언론사는 웹3의 핵심 알고리즘인 스마트 계약과 디지털 지갑 및 NFT 저장 애플리케이션 등을 인공지능(AI)과 결합하는데 어려움을 겪을 수 있다. 그렇지만 지방 언론사는 생성형 AI 기술을 포함한 디지털 도구를 지금부터 능동적으로 받아들여야 한다. AI로 작동되는 웹3 프로젝트의 내용을 지속적으로 모니터링하고, 이를 지역 뉴스 작업에 적용하여 디지털 도구를 가장 효과적으로 사용하는 방법을 선도해야 한다.

탈 포털 세상에 대비하여 웹3와 AI는 지방 언론사의 필수 도구이다. 기존의 포털과 소셜미디어가 저물어가는 시대이다. 분산 인터넷이 지배하는 미래의 시장에서 지방 언론사는 지금의 취약한 위치를 벗어나 전략적 행위자로 거듭나야 한다. 이를 위해서는 웹3와 AI를 활용하여 지역 주민들과의 소통을 강화하고, 지역 뉴스의 질을 향상시켜야 한다. 이른바 '댓글의 민족'으로 알려진 우리나라 사람들이 포털이 아닌 지방 언론사 홈페이지에 올리는 목소리를 NFT로 변환시키는 파괴적 혁신도 있다.

마지막으로, 가칭 '웹3와 AI 대응을 위한 지방언론협회'를 발족해야 한다. 이 협회를 구심점으로 지방 언론사들이 웹3와 인공지능 기술을 활용할 수 있는 기회를 탐색하고, 이를 실현하기 위한 정책과 제도 개선을 요구해야 한다. 국내 포털과 글로벌 빅테크가 AI 개발을 위해 지방 언론사의 뉴스 데이터를 사용한 경우, 구체적인 계약 없이도 실질적인 보상을 제공하고, 공정 이용 가이드라인을 마련하여 지방 언론사들이 웹3와 AI 기술을 활용할 수 있는 환경을 조성해야 한다. 또한, 정부 행정적 지원도 한국언론진흥재단이 아닌 이 협회를 통해서 보조금을 분배하여 지방 언론사들이 다양한 인공지능 응용 프로그램을 조종하고 실험할 수 있도록 해야 한다.

2

디지털 토큰, 가상자산, NFT 미디어

토큰 리터러시 교육으로 비트코인 포모현상 피해야

2023년 연말이 다가오면서 자고 일어나면 비트코인이 급등하는 이른바 '돈 복사기' 현상이 다시 나타나고 있다. 이렇게 비트코인과 이더리움 등 암호화폐와 가상자산의 가격이 갑자기 상승하자, 포모(FOMO, fear of missing out) 현상이 나타나고 있다. 포모란, 나 혼자만 새로운 투자 기회에서 낙오될 것 같은 불안감으로 인해 발생하는 심리적 공황 상태를 의미한다. 텔레비전 홈쇼핑 호스트가 보여주는 타이머가 실시간으로 제품 완판까지 남은 시간을 표시하듯이 주변 뉴스가 비트코인 구매를 종용하고 있는 것처럼 보인다.

비트코인 구매는 늦었으니, 아직 급등하지 않았거나 새로 나온 디지털 토큰을 찾아보려고 해도 어려운 용어가 많다. 사실 웹3와 블록체인은 계속 진화하고 있기 때문에 전문가도 트렌드를 실시간으로 따라가기 힘들다. 어쩌면 디지털 금으로 비유되는 비트코인의 작동원리를 이해하는 것이 더 쉬울 수 있다. 비트코인은 컴퓨터를 이용하여 수학 문제를 풀면 획득할 수 있는 보상이기 때문에 땅이나 물에서 금을 캐는 것과 비슷하다고 할 수 있다.

여기에서는 다양한 웹3 분야에서 비트코인을 훨씬 뛰어넘는 가능성을 제시할 수 있는 디지털 토큰의 유형과 사례를 검토하고자 한다.[31] 가상자산으로서 토큰은 다양한 애플리케이션이 가능하고 혁신적 서비스로 미래에 새로운 물결을 일으킬 수 있기 때문이다.

디파이(DeFi) 토큰은 중앙화된 금융의 독점과 불투명성을 해결하기 위한 대안으로 등장했다. 디파이 토큰은 은행 중심의 금융 체계를 탈중앙화된 생태계로 전환하는 데 기여할 수 있다. 즉, 사용자들은 디파이 토큰을 통해 은행과 같은 전통적인 금융 중개자에 의존하지 않고 대출, 차입, 거래에 참여할 수 있게 된다. 이러한 토큰들은 블록체인 기반의 금융 혁신을 이끌고 있다.

대표적으로 유니스왑(UNI)은 이더리움 기반의 탈중앙화 거래소(DEX)에서 사용되는 토큰이다. 유니스왑은 은행을 거치지 않고 자동으로 토큰을 교환할 수 있도록 설계된 디파이 토큰이다. 유니스왑은 CPMM(Constant Product Market Maker) 알고리즘을 사용하여 유동성 풀(liquidity pool)을 제공한다. 또한, 인기 있는 디파이 애플리케이션인 메이커다오(MakerDAO)의 MKR 토큰은 디파이 생태계에서 가장 잘 알려진 토큰 중 하나이다. 메이커다오는 스테이블 코인 다이(Dai)

를 통해 오아시스(Oasis)에서 탈중앙화 대출 서비스를 제공한다.

증권(security) 토큰은 투자 방식의 변화를 이끌고 있다. 이들은 주식, 채권, 부동산과 같은 실제 자산을 기반으로 발행되는 디지털자산이다. 예를 들어, 주식을 대신하는 토큰은 회사의 지분을 나타내며, 회사의 이익을 공유할 수 있는 권리를 갖는다. 채권을 대신하는 토큰은 채권의 이자 지급이나 원금 상환 등의 용도로 사용된다. 또한, 부동산과 같은 실제 물리적 자산을 대신하는 토큰도 가능하다.

이러한 증권 토큰들은 블록체인 기반으로 작동하기 때문에, 사람들은 자신의 투자를 추적하고 관리할 수 있다. 따라서 투자와 거래의 투명성을 제공하여 더욱 안전한 투자 환경을 조성할 수 있다. 또한, 투자자들이 자신의 투자를 거래소를 통해 신속하게 매각할 수 있도록 유동성을 제공할 수 있다.

유틸리티(utility) 토큰은 사용자 경험을 개선하는 데 중점을 둔다. 이 토큰은 블록체인 기반 생태계 내에서 특정 제품이나 서비스에 대한 접근을 제공한다. 게임 플랫폼에 대한 액세스 권한을 부여하거나, 프리미엄 콘텐츠를 잠금 해제하거나, 특정 기능을 활성화하는 등, 유틸리티 토큰은 디지털 가능성의 세계를 열어준다.

유틸리티 토큰의 예시로는 이더리움(ETH)이 있다. 이더리움은 스마트 계약과 탈중앙화 애플리케이션(DApp)을 만들 수 있는 블록체인 플랫폼을 제공한다. 바이낸스 코인(BNB)은 바이낸스 거래소에서 사용 가능한 네이티브 토큰이다. 거래 수수료를 지불하거나, 토큰 판매에 참여하는 등의 용도로 사용된다. 베이직 어텐션 토큰(BAT)은 광고 및 출판 산업에서 사용되는 브레이브(Brave) 브라우저 기반 토큰이다.

거버넌스 토큰은 블록체인 기반 웹3 생태계에서 투표를 위한 수단이다. 거버넌스 토큰을 소유한 커뮤니티 참여자는 의사 결정 과정에 참여할 수 있다. 예를 들어, 좋아하는 소셜 미디어 플랫폼의 운영 방식이나 디지털 프로젝트의 발전 방향 등에 대한 의견을 제시할 수 있다. 거버넌스 토큰은 사용자들이 디지털 웹3 커뮤니티의 미래를 형성할 수 있는 권한을 제공한다.

웹3 분야에서 가장 유명한 것은 ENS 토큰이다. 이것은 이더리움 기반의 탈중앙화된 도메인 이름 시스템(ENS)에서 사용되는 토큰이며, ENS DAO의 거버넌스 토큰이다. 이들은 토큰 보유자들이 프로토콜의 관리 및 미래 개발에 영향을 미치는 결정에 참여할 수 있게 한다.

앞에서 설명한 4가지 유형과 달리, '대체불가능토큰'을 뜻하는 NFT(non-fungible token)가 있다. NFT는 게임 아이템, 예술 작품, 캐릭터, 굿즈 등의 디지털 고유성을 보장하는 토큰이다. NFT로 제작된 이러한 물건은 블록체인에서 소유권을 증명하는 데 유용하다. 즉, 다른 것으로 대체할 수 없는 속성을 가지기 때문에, 웹3 분야에서 새로운 디지털자산으로 거래되고 있다.

예를 들어, 미국의 예능 프로그램인 '복면 가수(Masked Singer)'에 출연한 가수들이 착용했던 가면이 NFT로 제작되어 거래되고 있다. 또한, 프로 레슬링 리그인 '금요일 밤 스맥다운(Friday Night SmackDown)'의 캐릭터나 장면을 활용한 NFT도 유통되고 있다.

비트코인 포모 현상을 피하려면 암호화폐와 가상자산에 대한 이해가 필요하다. 블록체인 기반 웹3의 잠재력이 높더라도, 폭락 이후 주춤했던 토큰의 가격이 회복될지 확실하지 않다. 개인 투자자는 수익

창출도 중요하지만, 새로운 분야에 대한 학습을 통해 투자의 위험성을 이해해야 한다.

NFT의 진화 NFTFi 아파트, 차 빌리듯 NFT 대여

엔에프티파이(NFTFi)는 대체불가토큰(NFT)과 탈중앙화금융(DeFi)을 합친 개념이다. BAYC나 크립토펑크(Cryptopunks)와 같은 유명한 NFT 가격이 급등해서 이제 일반인이 거래 비용을 감당하기 힘들다. BAYC는 이른바 '지루한 원숭이 요트 클럽'을 뜻하는 'Bored Ape Yacht Club'의 약자이다. 그리고 국내에서도 초기의 예술 작품 위주부터 P2E(Play to Earn)와 연계한 프리미엄 NFT 민팅(minting)까지 콘텐츠로서 진흥하기 위한 흥미로운 시도들이 활발하게 일어나고 있다.

NFT는 데이터로서 콘텐츠의 유통을 강조하는 모델이다. 애초에 블록체인은 데이터와 정보의 유통과정의 시작점인 '최초의 1마일'(the first one mile)이 종착점까지 안전하게 보전되도록 설계된 네트워크 환경이다. 따라서 이것을 창작물에 적용하면, 개인들뿐만 아니라 기관들끼리 전달 및 교환되는 (물리적) 작품은 그것의 디지털 트윈을 갖게 되고, 거래 수단인 NFT를 통해서 모든 기록이 남으면서 획기적 저작권 보호 방법으로도 논의 중이다. 그럼에도 불구하고, 콘텐츠로서 NFT 산업의 초기 정착을 위해서 작품 소유권, 지적 재산권, 저작 재산권 등의 과도한 규제는 피하면서 기술적으로 애초 저작권자와 소유자의 동의와 허락을 쉽게 구하는 방식을 추구해야 한다.

NFTFi는 누구나 갖고 싶은 고가의 NFT를 부분으로 쪼개는 분수화·조각화(fractionalization)하거나, 더 나아가 임대(renting), 파생화(derivatives) 등 DeFi 서비스와 결합한 서비스이다.[32] NFTFi는 소유자에게 NFT 기반으로 더 많은 유동자산에 접근하여 거래 자금을 조달할 수 있도록 한다. NFT 수요자에게 적은 금액으로도 명품 NFT를 가까이서 친숙하게 부분적이지만 즐기고 감상할 수 있는 형태를 제공한다.

미디엄닷컴의 엔에프텍(NFT Tech)이 제공한 정보를 정리하면서 NFTFi를 좀 더 살펴보자.[33] NFTFi는 아파트나 차를 빌리는 것과 같이, NFT를 대여하는 것이다. 이것은 고객에게 제한된 시간 동안 유명한 NFT에 대한 접근을 제공한다. NFTFi 마켓플레이스와 서비스에서 사람들은 이더리움(ETH) 등 대체성(fungible) 코인을 담보로 하여 NFTFi를 시작할 수 있다. 이 과정에서 수요가 공급을 초과하는 NFT 경우, 수요자(임차인)는 원하는 NFT에 접근하고 계약하기 위해서 다른 사람들보다 더 높은 가격에 가치 있는 담보물을 제시해야 한다. 이러한 비대칭 시장이 발생하면 해당 NFT 소유자는 더 많은 수익을 창출할 수 있다.

한편, 2022년 6월 28일에 이더리움 개발팀은 30번째 ERC 표준의 최종 심사를 통과시켰다.[34] 이것은 새로운 NFT 임대 표준인 ERC-4907이다. 대중성이 가장 높은 NFT 플랫폼인 이더리움에서 이제 대여 가능한 NFT가 가능하게 되었다. ERC-4907은 NFT 소유자가 지정된 기간 동안 다른 개인이 NFT를 사용할 수 있도록 허용한다. 이 시간이 지나면 임차인은 더 이상 NFT에 접근할 수 없다. ERC-4907은 ERC-721의 확장판으로, 애플리케이션 계층에서 소유자와 임차인의 이중 역할을 도입하였다.

NFTFi를 통한 임대 이용 사례가 시작 중이다. 메타버스 공간이 발전함에 따라 갤러리와 박물관에서 실제 작품을 대여한 것 유사하다. Musee-Dezentral.com과 같은 플랫폼은 이미 이러한 경험을 제공한다. 탈중앙화된 서비스는 다양한 NFT와 컬렉션을 찾아볼 수 있는 메뉴를 제공하며, 명품과 유사한 NFT를 주조할 수 있는 기능도 있다.

NFTFi 대출 서비스와 파생상품은 유동성 측면에서 도움을 주지만, 메타마스크 지갑을 연결하므로 사기와 원금 미보장 등으로 악용되기 쉽다. NFT 임대 플랫폼은 IQ.space와 vera.financial 등이 있고, (무)담보 임대는 reNFT.io와 nft.trava.finance 등이 있다. 그러나 아직이 플랫폼은 베타 버전으로 완전히 작동하지 않기에 사용 가능한 컬렉션과 NFTFi 경험을 온전히 판단하기 어렵다. 파생상품은 사람들이 NFT 컬렉션의 미래 가격에 베팅할 수 있도록 상승(long) 혹은 하락(short)의 거래 가능한 계약을 수반하므로 각별한 주의가 필요하다.

NFT와 디지털자산은 시장의 극초기 기술이다. 김희대 센터장(대구테크노파크 디지털융합센터)에 따르면 NFT 기반인 데이터 분산저장 및 개인금융 시스템 등 ABB 기술은 개별 요소들이 상호 간 되먹임하면서(feedback) 가치를 만들기 때문에, 소재·부품·모듈·시스템·완제품·서비스로 연결되는 기존 가치사슬 망과 차이가 난다고 한다. 여기서 ABB는 인공지능, 빅데이터, 블록체인을 뜻한다.

NFTFi 비즈니스와 산업을 명확한 개념을 사용해서 체계적 설명하는 것이 불가능하다. 관련 기술과 그 표준도 수시로 바뀌며 빠르게 발전한다. NFT가 작동하는 블록체인의 계층화, 즉 레이어(layer) 구분도 상호 간 어떻게 구별해야 하는지 확실하지 않다. 1990년대 중반에 상용화된 인터넷의 경우 아직 세계적 보급률이 100%에 도달하지 못했다. 비트코인과 이더리움이 소개된 것이 각각 2008년과 2014년임을 고려하면, 지금 말하는 NFTFi 개별 사례를 대중이 이해하려면 상당한 시간이 필요하다.

그럼에도 불구하고 NFTFi를 만드는 이유, 개념적 작동원리와 기술적 요소, 시장의 전문화 상태, 더 큰 생태계 발전 등에 대한 이해를 늦추어선 안 된다. 기술은 이미 저만큼 먼 미래를 향해서 달려가고 있다. 예컨대, ERC-4907은 코드 몇 줄만 추가하면 쉽게 구현된다. ERC-4907은 임차인의 제한된 역할을 강제하는 자동화된 만료 기능을 통해 NFT 대여를 간소화한다. 이 혁신적 기능의 장점은 NFT 임대를 통해 소유자는 더 이상 수동으로 임차인 권한을 철회할 필요가 없으므로 지루한 프로세스와 또 다른 온라인 트랜잭션이 필요하지 않다.

디지털 트윈의 보편화가 이루어지면, 메타버스의 NFT와 현실 세계의 등가물이 동시에 판매되거나 임대되는 통합형도 선보일 수 있다. 영남일보는 백범 김구 선생 휘호를 NFT 형태로 판매했다. 오너마켓(ownermarket.net)은 실제 토지 개발 시 권리를 인정하는 경북 의성의 가상토지 NFT 분양을 진행했다.[35] 이러한 움직임은 디지털 트윈의 통합 마켓플레이스가 멀지 않아 구체적 서비스나 제품으로 나올 수 있음을 시사한다.

중요한 건 NFTFi 생태계와 현실 세계가 만나면 혁신적 성장이 상상을 초월할 정도로 가속화될 수 있다는 것이다. 메타버스와 웹3 기술이 계속 확장되고 발전됨에 따라 현실 자산을 디지털화하기를 원하거나, 가상토지를 구입할 여유가 없거나, NFT를 단순히 임대하고 싶은 사람들을 포함하여 점점 더 많은 사람들이 디지털자산 생태계를 선택할 것이다. 우리에게 필요한 건 확신의 무게가 아니라 시간의 속도에 적응하는 유연한 인식과 태도이다.

AI폰이 열어갈 세상은 메타버스와 NFT로 가득 찬 웹3의 시대이다

지난 3월에 발생한 미국 실리콘밸리 은행의 파산은 2011년의 '월가를 점령하라' 시위가 현실화된 사건이다. 사람들은 10년 전에 은행이 독점한 금융 산업의 불평등함에 맞서기 위해서 시위를 벌였다. 하지만 이번 실리콘밸리 은행은 누구나 스마트폰으로 금융자본에 맞설 수 있음을 단적으로 보여 주었다.

이제는 그것이 제도적 기구이건 기술적 장치이건 레거시(legacy)에 무작정 집착하면 도태한다. 범용기술로 이미 정착한 인터넷 밑단의 네트워크 구조와 형태가 바뀌는 블록체인 혁명이 시작되었다. 새로운 판을 짤 수 있는 능력을 가진 개인, 기관, 국가만이 살아남는다. 우리 모두는 웹3로 대표되는 탈중앙화된 제품과 서비스를 '왜' 하느냐가 아니라 '어떻게' 하느냐의 문제로 인식해야 한다. 이 과정에서 대체불가

토큰(NFT)과 밈코인 시대에 유연하게 적응해야 한다.

빅테크 산업을 지배했던 NFT의 시장 규모는 지난해 호황기에 비교하면 약 90% 이상 쪼그라들었다. NFT 판매 가격도 최고점인 ATH(All Time High)의 약 1/10 수준으로 떨어졌다. 이러한 시장의 위축은 오히려 새로운 판의 지각 변동을 일으키는 촉매제가 되고 있다. 대중의 관심이 최고조에 올랐을 때 보지 못하거나 실행하지 못했던 틈새 및 융합 시장을 찾을 수 있기 때문이다. 나아가 소위 기본이 견고한 회사만이 생존하기 때문이다.

역설적으로, NFT는 레거시와 결혼하면서 새로운 소비 계층을 만날 수 있다. 우리는 첨단 디지털 콘텐츠로 자리 잡는 NFT를 1030세대를 전유물로 여기는 경향이 강하다. 하지만 정보통신정책연구원(KISDI)이 2023년 2월에 발행한 'SNS 이용 시간이 삶의 만족도와 자아존중감에 미치는 영향' 보고서에는 흥미로운 통계가 나온다. SNS를 많이 쓰는 1030세대 집단은 자존감 저하를 경험한 반면, 장년층의 SNS 헤비유저(heavy user)는 라이트유저(light user)에 비해 삶의 만족도와 자아존중감이 상승하는 결과가 나타났다.

이것은 장년층이 NFT를 실제 구매하거나 활용한 경험이 부재하지만, SNS를 통해서 체험하게 되면 NFT의 인기가 1030세대가 아닌 장년층에서 오히려 더 높아질 수 있음을 시사한다. 물론 해외의 NFT 마켓플레이스인 오픈씨(https://opensea.io)나 아펜프트(https://apenft.io)에 가면, '지루한 원숭이들의 요트 클럽(BAYC, Bored Ape Yacht Club)'과 비슷한 초현실적인 동물 아바타가 그려진 이미지 컬렉션이 여전히 많다. 하지만 최근에 식료품, 음료, 의류 등의 레거시 브랜드들이 NFT

를 적극 수용하고 있다. 이것이 경제력이 높은 장년층을 NFT의 새로운 이용자로 끌어들이는 효과로 나타나기를 기대한다. 장년층이 NFT를 받아들이면, 청소년과 청년의 구매에도 긍정적인 영향을 미칠 수 있다.

부모 세대는 가정의 통합을 만드는 하나의 매개체로 가족사진을 활용하였다. 하지만 이제 가족사진 촬영은 TV 드라마에 나오는 추억의 단편일 뿐이다. 그렇지만 인공지능(AI)과 메타버스와 결합한 NFT 콘텐츠가 되면 상황이 확연히 달라질 수 있다. 부동의 자세로 부자연스러운 미소로 가족사진을 촬영할 필요가 없다. 가상현실 스튜디오에서 가족 모두가 대화를 같이 나누고 함께 웃는 행복한 가정을 그대로 연출할 수 있다.

상상할 수 있는 범위 내에서 모든 종류의 가족 이미지를 NFT로 창조할 수 있다. 오픈씨와 아펜프트 등에서 가족을 뜻하는 영어 'family'로 검색하면, 오늘날 변화 중인 트렌드를 실감할 수 있다. 가족을 매개로 이렇게 표현하고 싶은 욕구는 NPC(non-player character) 캐릭터 이미지, 아바타용 의류, NFT 액세서리 등의 구매로 연결될 수 있다. 그리고 디지털 가상자산인 비트코인과 이더리움 토큰 등은 이러한 생태계를 지탱하는 수단으로서 기능할 것이다.

정보기술 분야의 국내 최대 전시회로 알려진 WIT(World IT Show) 2023년 행사에서도 새로운 시장을 개척하는 웹3기반 혁신 서비스들이 선보였다. 그 가운데 대구에 소재한 '시그마체인'은 위치기반서비스(LBS)와 NFT를 결합하여 SNS, 메타버스, 마켓플레이스로 모두 기능할 수 있는 트리플 플랫폼 '피키(PiKi)'를 소개하였다. 1999년에 등장해

선풍적 인기를 끌었던 싸이월드(Cyworld) 개발진이 주도했다고 한다. 싸이월드와 유사한 인터페이스로 과거가 그리운 장년층과 레트로 감성에 빠진 청년층의 마음에 다가서는 웹3 콘텐츠다.

지금은 기술적 환경이 아직 메타버스 기반 NFT의 생산, 유통, 판매가 어려움 없이 가능한 시기는 분명 아니다. 하지만 2025년을 전후로 우리가 사용하는 스마트폰이 AI폰이 된다면, 이러한 서비스가 탑재되어 일반화될 것으로 예상한다. 스마트폰이 세상에 나온 지 15여 년이 되었다. 이제는 AI폰이 등장할 시기이다. AI폰이 열어갈 세상은 메타버스와 NFT로 가득 찬 웹3의 시대이다.

내일 눈을 뜨면 오늘은 이미 과거일 뿐이다. 오늘의 시각으로 주변 환경과 사건을 바라보면, 모든 것을 뒤처지게 이해할 수밖에 없다. 하지만 우리는 앞을 보고 살아야 한다. 미래는 내일의 불확실성을 극복하고 진보와 혁신을 믿는 사람들의 것이다. 행복과 성공을 원하면 과거가 될 오늘에 살지 말고, 현재가 될 미래를 온전히 사는 데 집중해야 하는 시기이다.

디지털자산 규제구멍은 거래소, 고질서 정책 펼쳐야

새 정부가 출범하면서 비트코인과 이더리움 등의 암호화폐 시장의 기대감도 높아졌다. 윤석열 정부가 인수위원회 때부터 디지털자산 기본법을 통한 암호화폐 진흥을 일정부분 약속했기 때문이다. 지난 한 해

뜨거웠던 암호화폐 시장은 침체기에 빠져 개미 투자자들이 힘들어하고 있다. 설상가상으로 최근 루나 사태는 불난 집에 기름을 붓는 꼴이 되어 버렸다.

지난 2018년 이후부터 우리 정부는 암호화폐와 블록체인이 분리 가능하다며 규제론을 내세웠다. 암호화폐라는 용어부터 부정했다. 국가가 발행하거나 인정하지 않았기 때문에 화폐라는 용어를 사용할 수 없다는 게 논리적 근거였다. 이것은 코인과 토큰의 작동원리를 제대로 보지 못한 채 피상적으로만 접근한 결과이다. 사람들의 높은 관심과 비교하면, 정부가 드러낸 시야는 매우 좁았다.

이렇게 우왕좌왕하는 사이에 미국과 중국은 블록체인 관련 특허를 가장 많이 보유한 국가로 자리매김했다. 그리고 미국, 캐나다, 스위스, 싱가폴 등에서 개발이나 투자를 주도한 코인과 거래소가 세계 시장을 지배하고 있다. 나아가 엘살바도르와 중앙아프리카공화국은 비트코인을 법정화폐로 채택했다.

정책당국이 블록체인에 대해 유연한 접근을 취하면, 기존에 보지 못했던 새로운 시장과 산업이 눈에 들어오게 된다. 가장 먼저 비트코인과 이더리움 클래식 등 채굴 기반의 작업증명방식(PoW, Proof Of Work) 암호화폐는 에너지 산업과 하드웨어 시장으로 이어진다. 그리고 지분증명(PoS, Proof Of Stake) 암호화폐는 디지털 신원인증과 정보보안 산업 등과 연결된다.

이 외에도 현실과 똑같은 가상 세계, 즉 디지털 트윈(Digital Twin)이 온전하게 설계되려면 암호화폐가 필수적이다. 암호화폐는 디지털 트윈이 적용된 세계에서 사용하는 디지털 지갑 분야의 혁신적 기술이기 때문이다.

암호화폐 분야에 정부의 규제가 무용지물이라고 주장하는 건 전혀 아니다. 정부가 규제 혹은 진흥 사이에서 갈팡질팡하는 사이에 국내 암호화폐 거래소는 '고삐 풀린 망아지'가 되고 있다. 해외 거래소와 비교해 상대적으로 높은 수수료를 받고 있지만 암호화폐 투자자와 신생 기업을 위한 보호와 촉진 장치는 체계적으로 마련하지 않고 있다.

국내 거래소는 규제구멍을 통해서 '자전거래' 의혹도 받고 있다. 자전거래는 투자자가 코인, 주식 등 자산을 반복해서 사고팔아 거래량을 부풀리는 행위다. 국내 거래소는 법과 규정이 미비한 틈을 타서 사람들에게 잠재적 해를 입히지만, 혁신적 서비스 제공에는 매우 인색하다.

암호화폐의 부작용과 역기능이 존재한다고 해서 정부가 모든 측면의 설계와 운영에 강제적으로 개입할 필요는 없다. 과거에는 사회 전 분야에 걸친 치밀한 관리와 통제가 정부의 공적 책무였지만 복잡해진 현대사회에서 이를 적용하기는 힘들다. 우리 사회에 명확하고 당장의 위험이 가시적으로 나타나지 않는다면, 통제를 효율적으로 줄이고 유연성을 갖추는 것이 유능한 정부이다. 나무가 아닌 숲을 봐야 하듯이, 고질서(high-order) 전략이 필요하다.

암호화폐는 신생 기술이자 시장이고 산업 분야이다. 따라서 정책당국은 다양한 이해관계자들로 구성된 제도적 행위자와 환경적 맥락을 핵심축으로 상정해야 한다. 이러한 축을 기준으로 활동하는 새로운 지식 생산자, 시장 참여자, 규제 담당자 등의 삼중 상호작용이 발생한다. 따라서 중요한 것은 정책의 일관성이다. 여러 경계에 걸친 혁신시스템의 일관성이 유지돼야 새로운 행위 주체가 추가되면서 산업의 역동성이 발생하기 때문이다.

이더리움이 중립적이면, 크립토는 무국적 산업인가?

이더리움(ETH)의 개발자 비탈릭 부테린(Vitalik Buterin)은 러시아 출신의 캐나다 기술자이다. 러시아와 우크라이나의 전쟁이 발발하자, 그는 "이더리움은 중립적입니다. 하지만 저는 아닙니다. 분명히 할게요. 러시아는 범죄를 저질렀습니다."라고 말했다. 한 걸음 더 나아가, 페이팔의 창업자인 피터 틸은 인공지능이 공산주의 속성을 지닌 반면, 크립토(crypto)는 본질적으로 자유주의와 훨씬 더 가깝다고 주장했다. 이러한 내용이 생소하겠지만 실리콘밸리의 신현규 특파원이 보내오는 '미라클 레터'에 친절하게 설명되어 있다.[36] 우크라이나를 돕기 위해서 빅테크 기업들이 러시아 내부에서의 접속을 차단하거나 친러 성향의 광고를 중단하기로 했다. 이런 상황에서 블록체인 진영에서도 무언가를 해야 했다. 마침 우크라이나 정부에서도 암호화폐 기부를 요청하면서, 수신 계좌를 트위터에 공개했다. 이런 맥락에서 보면, 부테린은 기술로서 이더리움은 가치중립적일지라도 이더리움 보내기 운동은 인도적 차원으로 진행된 것을 강조했다.

인공지능은 알고리즘으로 작동한다. 알고리즘은 빅데이터에서 일정한 패턴을 찾는 작업이다. 빅데이터는 데이터의 분산화가 아닌 집중화를 요구한다. 알고리즘은 빅데이터의 영양분으로 성장하고, 알고리즘은 인공지능의 근본 엔진이다. 따라서 인공지능 시스템은 중앙집권적인 공산주의 이념과 유사하다. 블록체인에도 알고리즘이 있다. 그런데, 블록체인의 빅데이터는 개별화와 분산화될 경우에 성능이 더 우수하다. 미라클 레터에 따르면, 피터 틸의 주장에 숨겨진 이와 같은 맥락을 알면 그의 말을 더 잘 이해할 수 있다고 한다.

앞의 내용을 거두절미하고 요약하면 이렇다. 블록체인은 특정 국가 혹은 집단이 독점하거나 지배할 수 없다. 그야말로 탈중앙화 및 탈집중화 시스템이다. 우크라이나가 암호화폐로 보내달라고 호소한 것도 전통적 금융망의 검열과 제재로부터 자유롭게 사용할 수 있기 때문이다. 블록체인이 개별 국가의 경계를 넘어선다는 것이 틀린 이야기가 아니다. 그렇지만 이러한 사실 때문에, 우리가 암호화폐와 가상자산을 무(無)국적 산업으로 당연한 듯 인식하고 수수방관하고 있어서는 안 된다.

한국산업기술진흥원(KIAT)이 발간한 '산업기술 동향워치'[37] 자료를 보자. 마켓 리서치 회사인 'CB 인사이트'가 선정한 2022년 글로벌 50대 블록체인 및 암호화폐 기업들은 미국에 집중되어 있다. 선정 기업들은 총 15개국에 위치해 있고, 절반이 되는 28개 기업이 미국에 소재하고 있다. 그 외 국가들을 보면, 영국 5개, 캐나다, 프랑스, 싱가포르, 스위스가 2개의 기업을 보유하고 있었다. 이것은 암호화폐와 가상자산 산업의 중심축이 미국으로 이동했음을 보여주는 증거이다.

블록체인 산업은 채굴, 거래, 지갑, 결제의 4개 분야로 구성된다. 암호화폐 태동기에 채굴이 중요한 분야였다. 채굴업자의 매도 시점에 따라 가격 변동도 심했다. 채굴장이 많이 소재한 중국의 블록체인 정책에 대한 투자자의 관심도 많았다. 그렇지만 거래 활성화와 활용사례 즉 'use case' 발굴이 더 중요하게 부상하였다. 이번에 선정된 글로벌 기업의 사업 범주를 보더라도, 인프라 및 개발이 16%(8개), 거래소 14%(7개), 수탁 및 지갑 서비스와 NFT 및 게임이 각각 12%(6개)로 나타났다.

투자 자본을 보면, 글로벌 기업의 미국 등 서구 쏠림 현상은 어쩌면 당연하다. 코인베이스 벤처스는 50개 기업 중 16개 사에 투자했다. 이 회사는 코인베이스의 투자사이다. 코인베이스는 2021년 4월 미국 나스닥에 최초 상장된 암호화폐 거래소이다. 미국 슈퍼볼 중계방송 기간에 움직이는 QR 광고를 내보내며 대중적으로 더 알려졌다. 그리고 미국의 또 다른 벤쳐 캐피탈인 '안데르센 호로위츠', 즉 a16z가 14개 사를 투자했다. a16z는 페이스북 등 빅테크 기업을 키워낸 마이다스의 손으로 알려져 있다.

코인 시장에서도 개미 투자자들이 중국계로 분류된 자산보다 미국 토큰을 선호하는 현상이 최근에 더 강하다. 퀀텀(QTUM), 트론(TRX), 네오(NEO), 비체인(VET) 등 중국 관련 암호화폐의 인기와 수익이 큰 폭으로 하락했다. 크립토는 모험적 기술이자 기존 금융과 비교하면 파괴적(disruptive) 자산이다. 크립토는 소위 3T가 두루 완비된 국가에서 본래의 가치를 발휘한다. 3T는 리처드 플로리다 교수의 창조 이론으로 젊은 인재(talent), 첨단 기술(technology), 관용성(tolerance)을 뜻한다. 3T 관점에서 서양이 동양보다 확실히 앞서 있다.

그런데도 우리의 분위기는 3T와 아직 거리가 있다. 대한민국의 경제발전과 민주화의 과거 주역들인 장·노년층의 시각과 입장이 비교적 강한 분위기이다. 크립토 산업은 혁신의 혁신이다. 따라서 지금 당장의 명백하고 현존하는 사회적 위험이 아니라면, 혁신을 수용하고 나아가 적극 권장해야 한다. 그렇지 않으면 글로벌 크립토 경쟁에서 살아남을 수 없다. 이더리움 중립성이 담보되어도 모든 나라가 크립토 산업의 달콤한 열매를 동일하게 먹을 수는 없다. 3T의 정착을 가로막는 완고한 법 제도와 거부적 분위기를 하루빨리 개선해야 할 것이다.

루나 폭락인데 가난에 시달리며 즐겁다니

가상자산 루나와 테라(UST) 폭락 사태 때문에 수많은 투자자들이 힘든 시간을 보내고 있다. 뉴욕타임스는 온라인에서 투자자들이 자살 예방 상담 전화번호를 공유한다고 보도했다.[38] 한국에서도 권도형 테라폼랩스 최고경영자의 자택을 항의 방문하거나 손해배상 소송 등 투자자들의 분노와 좌절이 끊이지 않고 있다. 코인과 토큰 시장을 한마디로 표현하면 '아수라장'이다.

소위 코인판이 끔찍하게 혼란 상태에 빠졌는데, 이 상황을 조롱하는 것처럼 들리는 밈(meme)이 온라인에서 퍼지고 있다. 밈이란 누구나 쉽게 이해하고, 변형하고, 복제하고, 퍼트릴 수 있는 문화적 요소다. 밈은 특정 단어나 어구, 소셜미디어 해시태그, 이미지(짤), 동영상 등의 형태로 사이버 공간에서 급속히 퍼져나간다. 대중의 주목을 받는 이슈나 상황에 대해 사람들의 집중도를 높일 수 있는 것이면 어떤 형태든지 가능하다.

루나 사태와 관련하여 유행하는 밈 표현을 한국어로 번역하면 "가난에 시달리며 즐겁게 지내라" 영어로 "Have fun staying poor"이다.[39] 이 밈은 해시태그를 앞에 붙여서 약자로 '#HFSP'로 통용된다. 애초에 #HFSP는 비트코인을 열렬히 신봉하는 사람들이 비트코인의 사상과 가치를 믿지 않는 집단을 풍자하기 위해서 만들어졌다. 실제로 비트코인 가격이 지난 몇 년간 누구도 상상할 수 없을 정도로 폭등했다. 이런 상황이 발생하자, 비트코인에 부정적 시선을 멈추지 않았던 사람들은 장난으로 여겼던 #HFSP를 들으며, 더 이상 웃고 즐길 수 없게 되었다.

루나 사태를 겪으면서, 사람들은 #HFSP를 다른 맥락에서 사용하고 있다. 루나와 테라는 스테이블(stable) 코인이라는 금융 비즈니스로 비교적 짧은 시간에 성공했다. 탈중앙화 금융 즉 디파이(DeFi) 모델이다. 전통적 경제에 충실한 입장에서 보면, 디파이 서비스는 위험성이 매우 높다. 권도형 대표는 이 위험성을 지적한 경제학자에게 "난 가난한 사람과는 토론하지 않는다"라며 거만한 태도를 보였다. 영어 원문은 "I don't debate the poor on Twitter"이다. 그런데 결과적으로 천문학적 자산을 잃어버린 사람은 권도형 자신이 돼버렸다. 권 대표가 가난하게 지내는 게 오히려 즐거운 사람이 된 것이다.

바이낸스는 세계 최대의 코인 거래소이다. 창펑자오(CZ) 대표는 루나 사태로 바이낸스가 소유한 16억 달러 가치의 루나가 3천 달러 이하로 폭락했다고 발표했다. 우리 돈으로 환산하면 2조 451억 원까지 치솟았던 바이낸스의 루나 보유고가 300만 원 이하로 추락했다. 그렇지만 창펑자오는 개인 투자자가 바이낸스보다 루나 손실 보상을 더 일찍 받아야 한다고 밝혔다. 그리고 창펑자오는 트위터에서 이 상황을 희화적으로 표현했다. 그는 권 대표의 망연자실한 사진을 공유하며 “Poor again”이라고 쾌도난마처럼 응수했다. #HFSC 밈을 변형한 것이다.

만약 당신이 비트코인을 너무 빨리 팔아버렸다면, 비트코인 추앙자로부터 “가난한 생활을 즐기세요”라는 놀리는 듯한 말을 들어야 했다. 하지만 루나 사태로 #HFSP 밈의 미러링(mirroring) 현상이 나타났다. 미러링의 원래 의미는 무의식적 모방행위다. 그렇지만 온라인에서 (역)미러링은 의견이 서로 다른 집단 간 ‘눈에는 눈, 이에는 이’식의 복수를 드러내기 위해 사용되는 밈을 뜻한다. 권 대표가 반대 집단에게 보여준 깔보는 반응과 창펑자오의 권대표를 향한 비웃는 트윗은 미러링으로 볼 수 있다.

최수진 경희대 교수 등은 해시태그와 결부한 밈 표현의 효과 연구를 2014년에 이미 발표해서 주목을 받았다.[40] 국제저명지인 ‘New Media & Society’에 ‘An exploratory approach to a Twitter-based community centered on a political goal in South Korea: Who organized it, what they shared, and how they acted’로 출판된 논문이다. 이 관점에 따르면, 해시태그 밈은 온라인 커뮤니티가 자신들의 목표를 위해 지지자들을 동원하기 위해 채택하는 문화교란(culture jamming) 수단이다. 밈이 텍스트이든 이미지든 일단 표현되면, 내부집단의 적극적 참여와 동원이 그리고 외부집단에 대한 저항과 거부가 맥락화 되어있다.

지난 한 해 코인 시장은 시중에 풀린 돈이 NFT와 메타버스 등과 만나면서 호황을 기록했다. 상황이 돌변하면서, 코인 승자집단이 자신의 부를 과시하던 #HFSP 밈은 부메랑처럼 돌아왔다. 그런데 #HFSP 변형 과정에서 드러났듯이, 말 한마디로 곤욕을 치르는 해프닝으로 끝나지 않고 있다. 역미러링된 #HFSP은 디지털자산의 지속가능성에 대한 근본적 해체 담론으로 프레임화되는 듯하다.

#HFSP 사례는 웃자고 만든 밈 한마디가 콘텐츠가 되어 집단의 정체성을 형성했음을 보여준다. 또한 유명인을 통해 이 콘텐츠는 집단 결속력을 높이고 지지기반을 넓히는 등 정치적 활동주의와 유사한 모습도 나타냈다. 나아가 서로 다른 이해집단들이 문화적 전술을 전략적으로 구사함을 시사한다. 디지털자산의 특징과 요소를 경제적으로만 설명할 수 없음이 자명해졌다. 어지럽게 뒤얽힌 코인판을 명쾌하게 정리할 이론과 모델은 아직 없다. 오히려 일상의 거래 행위와 온라인 소통이 새로운 형태의 집단적 행동주의를 낳는 듯하다.

이더리움 트론 청년집단과 탈중앙화

가상자산과 암호화폐에 문외한이더라도 비트코인과 이더리움은 대부분 들어봤을 것이다. 비트코인(BTC)이 디지털 골드라면, 이더리움(ETH)은 포털에 비유할 수 있다. 그런데 비트코인보다 이더리움의 최근 수익률이 훨씬 높고 미래도 밝다고 한다. 다른 한편에서는 이더리움의 경쟁자가 갈수록 많아져서 현재 가격은 시한폭탄처럼 불안하다고 한다. 논쟁이 커질수록 비트코인보다 이더리움을 궁금해하는 사람들이 더 많아지고 있다.

이더리움을 개발한 비탈릭 부테린에 대한 소개부터 시작해 보자. 부테린은 1994년 러시아에서 태어나 2000년에 캐나다로 이사했다. 1991년에 소련이 붕괴했으니 부테린의 부모는 격동기 러시아를 피해서 자유로운 서방 국가에서 아들이 성장하기를 원했을 것이다. 그는 자신의 홈페이지[41]에서 캐나다에서의 어린 시절이 행복했다고 말했지만 2010년경에 인생의 전환점이 일어났다. 그건 바로 '월드 오브 워크래프트'라는 게임을 운영하는 회사 '블리자드'가 게임의 이용자 동의 없이 게임 콘텐츠를 갑자기 변경한 사건이다. 이 사건이 발생하자 부테린은 중앙 집중화된 시스템에 대한 환멸을 느껴 방황하던 중에 비트코인을 알게 됐다.

비트코인은 누군가가 운영을 제어하거나 작동을 통제하지 않지만, 자율적으로 돌아가는 시스템이다. 부테린은 비트코인과 유사한 탈중앙화 알고리즘으로 고교 프로그래밍 경진대회에서 심사위원을 놀라게 했다. 2012년 워털루 대학에 입학했지만, 비트코인 공부에 집중하기 위해 중퇴하였고 2014년경에 이더리움을 개발하게 된다.

우연이라고 말하기에 신기하게도 부테린과 비슷한 생각으로 행동한 청년이 그 당시에 또 있었다. 디센트럴랜드(MANA)를 2017년에 설립한 아리와 에스테반이 있다.[42] 2021년 말에 페이스북이 '메타'로 이름을 변경했다. 하지만 그들은 훨씬 이전부터 메타버스를 구축하기 시작했다. 그들은 2010년 초에 아르헨티나에서 대학 생활을 하면서 2012년경에 블록체인의 탈중앙화 세계에 빠져들었다.

역시 2017년에 체인링크(LINK)를 주도한 세르게이 나자로프(Sergey Nazarov)도 빼놓을 수 없다.[43] 이더리움을 많이 소유한 큰 손 집단에서 인기 있는 코인이 체인링크다. 체인링크가 다수의 블록체인 시스템을 상호 연결하는 교량 역할을 할 수 있기 때문이다. 나자로브는 2010년 전후에 뉴욕에서 대학 생활을 보내며 스마트 계약 프로그래밍에 심취했다. 그는 비트코인의 익명 개발자인 사토시 나카모토의 실제 인물로 추정되기도 하면서 유명해졌다.

아시아에서도 중국인 저스틴 선(Justin Sun)이 있었다.[44] 그는 1990년생으로 북경대를 졸업하고 2017년에 트론(TRX)을 세상에 선보였다. 동영상 공유 소프트웨어인 비트토렌트(BTT)와 블록체인 기반 SNS 스팀(Steem)을 인수하고 대체 불가능한 토큰인 아펜프트(APENFT)를 개발했다. 2021년 말 대표직 사임 이유로 트론 네트워크가 진정한 탈중앙화 시스템으로 진화했기 때문이라고 주장했다.

다소 과장된 주장처럼 들릴 수도 있지만, 국경 저 너머 있는 이 청년집단이 중앙이 조정하는 네트워크를 거부하고 비트코인으로부터 직접적 영감을 얻었다는 것은 놀라운 사실이다. 그 이후 10여 년이 지나갔다. 이제 블록체인을 향한 그들의 열정은 '탈중앙화 자율적 장치들', 즉 DAO(Decentralized Autonomous Organizations)를 선점하기 위해서 경쟁하고 있다.

부테린은 권위적 집중주의와 자유적 분산체제를 불도저(bulldozer)와 비토크라시(vetocracy)로 구분하였다.[45] 불도저는 참여자들의 허락

없이도 중요하고 의미 있는 행위를 할 수 있지만 잠재적으로 위험하고 파괴적일 수 있고, 비토크라시는 파괴적이고 논란이 되는 일을 다양한 참여자로부터 승인받는 체제이다. 하지만 흑백논리식으로 불도저와 비토크라시에 접근한 과거 생각은 다소 순진했으며 유기적 조합이 필요하다고 밝혔다. 블록체인 기본 계층은 비토크라시가 적합하지만, 애플리케이션 계층에서 불도저가 가능한 거버넌스 공간을 남겨두어야 한다고도 주장했다.

정당성(legitimacy)[46]에 방점을 둔 부테린은 여러 방법으로 정당성을 확보할 수 있지만, 사회적 계약 기반 DAO를 통해 공동체 내부의 자원분배가 합리적임을 말했다. 부테린은 2020년 초에 저스틴 선이 불과 20%의 지분으로 스팀을 인수한 사례를 들었다. 선의 스팀에 반대하는 사람들이 독자적으로 하이브(Hive) 블록체인을 만드는 과정에서 DAO가 성공적으로 작동했다는 것이다. 그리고 이더리움 2.0은 이더리움의 경계를 넘어서 사회적 공공선으로 기능할 DAO 플랫폼이 되도록 하겠다고 목소리를 높였다.

한편, 선은 2022년 1월 4일에 트위터에서 이렇게 반응했다.[47] "세계에서 가장 큰 DAO는 이더리움이라고 말하고 싶다. 그러나 현재 이더리움 보유자들은 이더리움 네트워크에서 투표할 수 없다." 이더리움의 역할과 위상을 인정하지만, 완벽한 DAO가 되려면 아직 개선점이 있음을 완곡하게 말한 것이다. 덧붙여 자신이 개발한 트론이 DAO를 대표하는 블록체인으로 자리 잡기를 원하기 때문일 것이다.

다가오는 메타버스와 웹3 생태계의 운명은 DAO의 기술적 구현과 공동체 내부의 원활한 협력과 합의 여부에 달려있다. 실리콘밸리의 벤처 캐피탈리스트 회사들도 DAO와 관련한 블록체인 거래소와 스마트 계약 분야에 공격적으로 투자하고 있다.[48] 2014년 이후 테더(USDT)가 지배 중인 스테이블(stable) 코인 분야에서도 다이(DAI) 코인이 DAO 기반의 새로운 시도를 2019년 말부터 보여주고 있다. 기존 스테이블 코인은 달러와 골드 등, 법정화폐나 현물을 담보로 특정 기관이 코인을 발행하는 것이어서 중앙 집중적이라는 비판을 받고 있다.

문제는 이러한 탈중앙화 흐름에 대한 우리의 태도다. 국내는 지방에서 수도권으로, 서울 청년은 해외로 이동한다. 지방에 살고 싶지만, 서울에서 일하고 싶지만, 탈중앙화 변화에 대한 태도가 안 좋아서 떠난다고 한다. DAO는 분권형 자율조직을 코드(code)를 통해 운영한다. 집중과 분산에서 한 개 유형만 당장 선택하자는 것이 아니다. 그렇지만 DAO가 비교적 새로운 현상인 만큼 이를 효과적으로 받아들일 수 있도록, 전통적 정치 행위와 금융경영 방식에서 조속히 탈피해야 할 시기이다.

10년 후 NFT?
만인의 페르소나 될 것

● 사진전과 감성주의 열풍

서울역 근처 회의실을 들어가는데, 반대편 입구에 20대 젊은이들이 길게 줄 서 있었다. 호기심이 생겨서 발길을 돌렸다. 도시 빌딩을 배경으로 숲이 우거진 공원이 나오는 가운데 젊은 남녀가 햇살을 즐기는 멋진 사진이 있었고, 청년들은 이 사진전에 입장하기 위해 기다리고 있었다. 전시관 옆 기념품 매장도 젊은이들로 붐볐는데, 들어가 보니 사진전을 주제로 한 다양한 상품들이 많았다. 아기자기한 귀여운 이미지부터 미래 도시에 온 듯한 첨단 분위기를 느끼게 하는 굿즈가 넘쳐났다.

학교에 돌아와 학생들과 이 전시회와 굿즈에 대한 이야기를 나눴다. 학생들은 하나같이 사진의 작품성 때문에 가는 것이 아니라 감성적이고 예쁜 이미지를 개인 소셜 미디어에 올리기 위한 목적으로 가는 것이라고 말했다. 사진은 아날로그 레거시 미디어의 대표적인 사례이다. 이유야 어쨌든, 디지털 네이티브 세대가 사진전을 찾아서 문전성시를 이루고 기념품이 품귀현상을 일으킨다면 좋은 일임은 분명하다.

● 디지털 페르소나에 대한 갈망

젊은 세대에서 일어나고 있는 감성주의 열풍은 미디어 이용자로서 그들이 제품 쇼핑이나 일상생활 등 자신의 삶 전반에 새로운 온라인 자아, 즉 페르소나(persona)를 갈망함을 시사한다. 거대한 사회 구조에 얽매여 있지만, 소비와 생활 문화 전반에서 자신을 표현하고 드러낼 수 있는 유용한 디지털 콘텐츠를 원하는 것이다. 스타벅스와 나이키 등의 유명 기업은 이러한 니즈를 파악하여 NFT 기반의 브랜드 전략을 수립하고 이미 실행에 들어갔다.

디지털 페르소나는 대중문화 영역에서 '평균'이 사라진 시대에서[49],

청년 세대가 평균에 속한 다수가 아니라 나만의 개인으로 인정받으려는 욕구와 맞물려 있다. 우리가 일상적으로 말하는 평균은 통계학에서 산술 평균을 의미한다. 산술 평균은 집단의 구성원들로부터 관측한 모든 값을 더해서 전체 구성원 수로 나눈 값이다. 따라서 해당 집단에서 가장 많은 사람들이 분포한 값이다. 우리 속담에 '모난 돌이 정 맞는다'라는 말이 있다. 이는 학교나 조직 생활에서 두각을 나타내는 사람이 남에게 미움이나 비난을 받을 수 있음을 뜻한다. 따라서 기존 세대는 튀는 행동으로 동료나 주변 사람들에게 눈에 가시가 되는 독특한 행동을 꺼려왔다.

하지만 청년 세대에게 평균은 점차 의미를 잃어가고 있다. 통일된 다수의 동질성은 흥미를 끌지 않는다. 그렇다고 제품이나 서비스에 1~2개의 유형을 더해서 이질성이 드러난다고 해도 크게 관심을 기울이지도 않는다. 오히려 조금 과하다고 생각될 정도로 나만의 개성으로 인정받고 싶어 한다. 다시 말해서, 미세하게 나누어져 파편화나 양극단에 있더라도 그저 그런 무난함과 평범함은 진부하게 느껴진다.

● 대체할 수 없는 나만의 특별한 NFT

최근 몇 개월 사이, 사진과 이미지 제작에 인공지능(AI) 기술이 통합되면서 데이터 수집, 생산, 보급 방식에 혁명적인 변화가 일어났다. AI 기반 서비스는 새로운 이미지를 생성하는 것에 대한 사람들의 기대를 충족시킬 정도로 뛰어난 수준에 이르렀다. 디지털 기술이 가능하게 한 이미지 콘텐츠 생성은 젊은 세대의 감성적 소비와 맞물리면서 NFT 참여를 광범위하게 향상시킬 수 있는 새로운 가능성을 제시한다.

필자는 (주)포위즈시스템과 함께 2022년에 'NFT 기반 디지털아트 자가생성 장치 및 방법' 특허를 출원했다.[50] 이 특허에서 제시한 발명에 따르면, 이미지 데이터베이스에 저장된 여러 콘텐츠를 인터페이스를 통해 사용자에게 표시하고, 해당 사용자로부터 선호 이미지 입력을 받는다. 그리고 디지털 페르소나에 해당하는 캐릭터 요소, 캐릭터 외 요소들, 화풍 요소 중 적어도 하나 이상의 선호 성향을 분석하여 성향 데이터를 생성한다. 이후, 각 사용자에 대한 성향 데이터를 기반으로 인공지능 모델을 학습한다. 다음으로, 각 사용자가 선호하는 캐릭터의 묘사 요소를 선택하여 사용자가 NFT를 스스로 생성할 수 있는 시스템을 고안했다.

한 걸음 더 나아가면, 젊은이들은 감성적 이미지 생성에 그치지 않고 디지털과 자신을 통합한 포스트휴먼이 되고자 한다. 최근 유명 투자회사인 '앤드리슨 호로위츠' 등에서 대규모 투자를 받은 캐릭터 AI(https://beta.character.ai/)는 그 대표적인 사례이다. 이 서비스는 AI 딥러닝 언어모델을 기반으로 이용자와 대화를 하면서 캐릭터를 구축하는 서비스이다. 누구나 무료로 이용할 수 있으며, 재미있는 캐릭터와 대화를 하고 유용한 피드백을 제공하면서 새로운 자아를 지닌 캐릭터를 만들 수 있다.

• AI를 활용한 출판 마케팅과 NFT 보물찾기

영어 신조어 블록코어(blockcore)는 보편성이 아니라 특별함을 추구하는 요즘 세대의 성향을 보여준다. 블록코어는 영국 속어로 남자를 뜻하는 “block”과 평범한 패션을 뜻하는 “normcore”의 합성어로, 축구 유니폼을 캐주얼한 일상복으로 활용하는 것을 의미한다. 블록코어룩을 착용함으로써 무난하고 보통스러운 패션과는 다른 나만의 고유함을 찾는 것이다. 유명 연예인, 운동선수, 정치인에 대한 광적인 집착을 보여주는 팬덤에 소속되는 사람들이 많아지는 것도 이런 흐름을 반영한다. NFT는 일회성 소비로 끝날 수 있는 나만의 독특함이 디지털 기술을 통해서 인증될 수 있게 만들어 주기 때문에 또한 대체 불가능하다.

한편, 전통적인 마케팅 시스템은 일련의 상품을 묶어서 고정된 가격을 일괄적으로 적용하는 ‘번들형’이다. 그러나 웹3 시스템에서는 전체를 부분으로 나누는 ‘슬라이싱’ 소유권이 가능하므로, 필요하지 않거나 원하지 않는 부분까지 구매해야 하는 지출을 줄일 수 있다. 사진전이 젊은 세대에게 다시 인기를 얻은 것처럼, 인쇄 매체인 단행본 시장도 ‘레트로’의 부활을 노릴 수 있다. 특정 챕터의 텍스트를 바탕으로 AI 이미지를 NFT로 만들 수도 있고, 책의 특정 페이지에 나오는 단어나 문구를 활용한 퀴즈를 만들어 NFT 보물찾기를 할 수도 있다.

출판업체가 오늘날 개인이 드러낸 문화적 욕구를 NFT를 매개로 한 저자–독자 커뮤니티 구축의 기회로 활용하는 것이다. 소설의 특정 장면이나 캐릭터를 NFT로 재현해서 소유하거나, 책의 주제와 관련된 감성 이미지를 AI로 생성하는 등의 방법이 가능하다. 출판기념회에서 NFT 보물찾기는 책의 특정 페이지에 숨겨진 단서를 찾는 게임으로, 독자들이 책을 다시 읽게 만드는 효과가 있을 수 있다.

● 웰에셋 시대의 개인과 기업의 미래는?

오직 나를 위한 삶을 살기 위해 노력하는 것이 시대적 트렌드이다. 하지만 미래를 꿈꾸지 않고 한탕주의 소비에 빠지는 것은 바람직하지 않다. 오늘날 젊은이들은 그 어느 때보다도 소유욕이 강한 세대이기도 하다. 이러한 세대적 문화 변동을 수용할 수 있는 기술은 블록체인 기반의 웹3 미디어와 NFT이다. 탈중앙화된 커뮤니케이션 환경을 구축하지 않고는 아날로그 재화, 디지털 이미지, 개인적 소유권 등이 조화를 이루는 최선의 자산 상태인 '웰에셋(well-asset)'에 도달하기는 어렵다.

웰에셋 시대에 기업은 감성적 이미지를 추구하는 젊은이들의 라이프스타일 변화를 반영하여 NFT를 키워드로 내세운 디지털 활동과 콘텐츠 제품, 분산형 커뮤니티 서비스를 제공한다. 스타벅스가 2023년 7월부터 시작한 NFT 기반 '오디세이 멤버스' 프로그램은 이러한 동향을 보여준다. 단순히 보상 제공 마케팅에 그치지 않고, 1+1 혜택 제공부터 라운지 이용, 커피 교육 수강까지 차별화된 혜택을 제공함으로써 스타벅스 팬들이 서로 소통하고 교류할 수 있는 느슨한 실행공동체를 창출한다.

앞으로 NFT에 대한 관심이 더욱 높아질 것이다. 웹3와 NFT는 콘텐츠뿐만 아니라 모든 기업이 모든 단계의 거래에서 수익을 창출할 수 있는 새로운 가능성을 제공하기 때문이다. 반면, 전통적 창작자들은 웹3 기반 NFT의 확산에 대해 낙관적인 견해와 비관적인 견해가 엇갈리는 듯하다. 하지만 이러한 도구를 위협으로 인식하기보다는 기회로 인식해야 한다. 그리고 정부도 데이터 자산관리를 가속화하기 위해서는 데이터 및 온라인상의 가상자산에 대한 민사적 보호권 규정도 현실에 맞게 만들어야 한다.

3

일론 머스크와 밈코인 세대

빅크립토 시대, 밈코인에 대한 무례한 꼰대의 태도

지금도 새로운 크립토(crypto) 코인과 디지털 토큰은 계속 생산되고 유통 중이다. 그러나 사람들은 크립토의 종류와 특징을 제대로 이해하거나 앞으로의 영향을 제대로 가늠하지 못하고 있다. 그저 코인 투자로 조기 은퇴하는 행운을 지닌 사람들의 뉴스를 보고 놀라고 있을 뿐이다. 전기자동차로 유명한 미국의 테슬라에서 도지코인 결재가 가능하다는 뉴스를 읽으면서도, 자주 등장하는 밈(meme)코인의 의미와 가치에 대해서 충분히 해석하지 못했다.

도지코인부터 시작해서 밈코인의 개념 등 크립토의 종류와 특성을 검토해 보자. 도지코인(Dogecoin)의 도지(doge)는 귀여운 강아지 이미

지이다. 2010년에 일본 고유의 강아지 품종인 시바견(柴犬, しばいぬ) 사진이 개인 블로그에 올라왔다. 이 사진이 사람들의 화젯거리가 되었고, 온라인 공간에서 '도지'라고 부르면서 밈으로 발전하였다. 밈이란 누구나 쉽게 이해하고, 변형하고, 복제하고, 퍼트릴 수 있는 문화적 요소를 말한다.[51] 예컨대 '강남 스타일'의 성공도 유튜브 이용자들이 자발적으로 (가수 싸이가 보여준 흥겨운 댄스에) 참여할 수 있는 밈이 있었기에 가능했다. 밈은 우리나라 인터넷에서는 '짤' 이미지로 많이 알려져 있다.

도지코인이 처음 나온 2013년에는 다른 이름을 지니고 태어났지만, 당시 '도지'의 열풍을 보고 코인 이름을 신속히 변경했다. 이처럼 밈이란 문화적 원형을 유지하면서 상황별로 수정되고 복제되지만, 사람들의 집중도가 떨어지지 않는 특징을 지니고 있다. 도지코인은 2020년에 시바이누(Shiba Inu), 2021년에 유로시바이누(Euro Shiba Inu, ESHIB)와 좀비이누(Zombie Inu, ZINU) 등으로 이어졌다. 도지코인은 시바견의 밈이다. 시바견을 영어로 번역하면 'Shiba Inu'이다. 가상자산과 암호화폐 분야의 유명한 포털인 코인마켓캡(coinmarketcap.com)에 가면, 300여 개가 밈코인으로 등록하고 있다.

바야흐로 2021년은 밈코인의 전성시대가 시작되었다. 2022년에는 금리 인상에 따른 글로벌 유동성 축소로 디지털자산 시장이 전체적으로 혹한기를 맞이했지만, 밈코인 트렌드는 앞으로도 지속적으로 유지될 것이다. 그럼 밈코인의 특징을 분석해보자.

첫째, 코인이 처음 발행될 때 주식과 유사하게 총 공급 한도가 일반적으로 정해져 있다. 예컨대 비트코인은 2천1백만 개다. 그런데 밈코인은 도지코인처럼 생산 총량이 정해져 있지 않거나 거의 무제한에 가까울 정도의 분량이 유통된다. 희소성이 없다 보니 애초 가격이 제로에 가깝거나 무료로 나누어주는 에어드롭 행사용으로 사용되기도 한다. 에어드롭이란 하늘(air)에서 뿌린다(drop)는 뜻이다. 특정한 코인 소유자들에게 밈코인을 선물하는 것이다. 따라서 시바이누에 400만 원 투자해 1조 원을 벌어들이는 믿기 어려운 일이 현실이 되곤 한다.

둘째, 밈코인이 인기 많은 노래, 이미지, 텍스트 등에 담겨진 귀여움과 즐거움 때로는, 풍자와 해학을 크립토로 구현하지 않는다면 시장의 주변에 머물러 있을 수밖에 없다. 따라서 밈코인은 대중적 소재와 유명인과 연관한 마케팅 능력이 관건이다. 밈코인은 주목을 끌기 위해서 트위터와 소셜 미디어 채널을 자주 활용한다. 밈코인 팬덤층이 SNS 환경에 적극적으로 반응하며 실시간으로 소식을 유통하기 때문이다. 도지코인의 폭발적 급등도 일론 머스크의 트윗 메시지와 트위터 인수에 따른 결제 통화 가능성이 도화선이 되었다.

셋째, 밈코인의 기술력과 신뢰도는 천양지차다. 도지코인은 세계적 컴퓨터 회사인 아이비엠(IBM)과 어도비(Adobe)의 개발자 2명이 의기투합해서 만들었다. 주요한 크립토인 라이트코인을 기반으로 만들었으며, 비트코인과 완전히 동일하지는 않지만 다소 비슷한 채굴의 방식으로 발행된다. 그렇지만 넷플릭스 '오징어 게임'을 모방하여 만든 밈코인은 최고가인 340만 원을 기록한 지 불과 5분 만에 3원이 되었고, 이는 투자 사기로 드러났다. 문화적 유행이나 열풍만을 맹신하여 큰 변동성을 모른 채 밈코인에 투자하면 안 된다. 하루아침에 휴짓조각

이 될 수 있음을 명심해야 한다.

넷째, 그렇다고 해서 밈코인에 대해 '대박 아니면 쪽박'의 양극단 논리로 접근하면 해석의 편리성만큼이나 위험하다. 도지코인은 10여 년이 지나서야 빛을 보는 데 성공했다. 해외에서 생일이나 크리스마스 기념일에 어린 자녀가 재미있고 유쾌할 만한 밈코인을 선물하면서 사랑을 표현하고 있다. 아이들이 밈코인을 당장에 어디에 사용할 수 있는 유용성은 없다. 그렇지만 이렇게 밈코인을 가진 아이들은 커뮤니티에서 활동하고 새로운 양식의 문화에 반응하고 참여한다. 밈코인의 미래 역할과 시장 가치는 현재의 시각에서 단정적으로 말하기는 힘들다.

디지털 세상에서 태어난 최초의 밈 중 하나는 1996년의 '베이비 차–차(Baby Cha–Cha)'이다. 춤추는 아기의 3차원 이미지가 인터넷 메일을 통해 퍼지면서 입소문이 났다. 지난 반세기 동안 밈은 대중의 관심을 모으는 도구이자, 소외된 집단의 목소리까지 전달하면서 담론을 새로 만들어내는 중추적인 역할까지 하였다. 이탈리어로 발행된 '밈학(Memestetica)'[52]에서 저자 타니(Valentina Tanni)는 밈을 '마음의 바이러스'라고 묘사한다. 밈이 작동하는 문법에서 이미지가 어디에서 오는지는 중요하지 않다. 이미지의 출처가 무엇이든지 간에 밈은 어떠한 거리낌이나 내용에 대한 존중 없이 어떤 방식으로든 변형되며 수시로 바뀌는 템플릿일 수 있다.

밈코인과 함께 크립토 시장을 성공적으로 탈출한 열광자가 꽤 있다. 반면에 크립토 공간의 새로운 현상이나 문화적 세계관에 대해 문외한인 사람들도 많다. 그런데 농담과 장난으로 치부했던 밈코인이

그림 1. 일론 머스크와 도지코인의 관계를 분석한 구글 학술검색

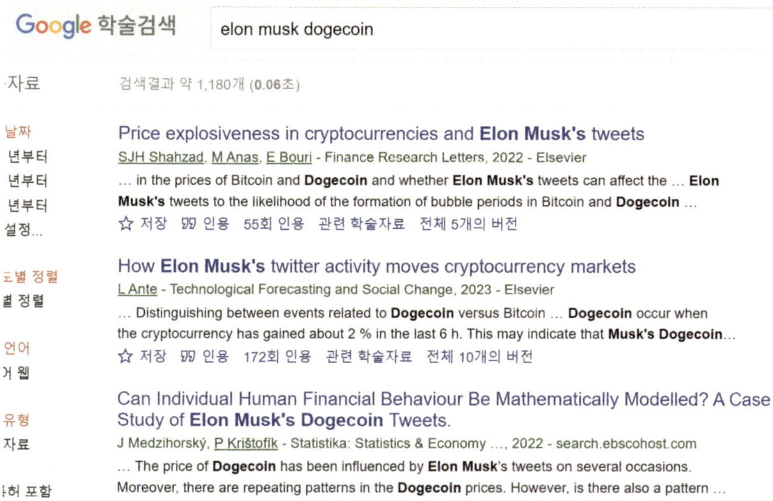

투자 대상을 넘어 사회적, 정치적 함축성까지 포함하기도 한다. 지금껏 자기 분야에서 꽤 잘 해왔고 많은 돈을 벌었다 하더라도, 혁신으로 자리매김하는 밈코인을 이해하려고 시도조차 하지 않는다면 빅크립토 시대에 대한 어쩌면 무례하고 완전히 '꼰대'의 태도일 수 있다.

호모루덴스와 밈코인과 이누코인의 숨겨진 맥락

크립토(crypto) 시장에는 98법칙이 있다. 98법칙은 학계에서 검증된 과학적 이론이 아니다. 그렇지만 사람들은 두 가지 맥락에서 사용 중이

다. 첫째, 현재 유통되는 코인과 토큰의 98%가 사라진다. 소위 비트코인과 이더리움 등 대장 격인 코인들만 남는다. 둘째, 현재 투자자의 98%는 소위 '손절'하고 크립토를 결국 떠난다. 손절은 한자 손절매(損切賣)의 축약한 말이다. 손해(損)를 잘라(切)버리는 매도(賣渡)라는 뜻이다. 98법칙은 크립토 시장의 치열한 경쟁 구조를 그대로 보여준다.

오늘도 전 세계에서 수많은 코인과 토큰이 발행되고 있다. 새로 나온 코인이 공기처럼 자연적으로 순환되면 얼마나 좋겠는가. 하지만 신규 코인이 시장에 공급되고 인지도를 획득하는 과정은 매우 어렵다. 우리는 오늘날 '주목경제(attention economy)'의 시대에 살고 있다. 특히, 크립토 시장은 국경을 가리지 않고 24시간 쉬지 않고 작동한다. 따라서, 사람들의 관심이 어떤 특정 코인이나 토큰에 머물러 있는 시간이 주식과 비교해 매우 짧다. 이런 상황에서 시장에 출시와 함께 사람들에게 전달되고 시장에 확산될 묘수를 찾아야 한다.

시간이 유한한 것처럼 심리적 및 물질적 측면에서 사람들의 관심 여력도 매우 제한적이다. 밈(meme)과 이누(inu) 코인 등은 투자자들 사이에서 주목도를 단박에 높이기 위해 그 명칭과 이미지에서 차별화를 시도했다. 대표적으로 도지코인(DOGE), 쉬바이누(SHIB), 좀비이누(ZINU) 등이 있다. 앞서 언급한 3개 모두는 강아지를 소재로 사용한 밈코인이다. 최근에 인기를 끌고 있는 에이프코인(APE)은 원숭이를 모티프로 했다. 강아지와 원숭이 이외에 고양이(KITTY)와 돼지(PIG) 등 여러 동물 캐릭터를 차용한 밈코인도 많다. 그럼 밈코인 확산의 배경은 무엇일까?

여러 이유와 배경이 많겠지만 무엇보다도 쉽게 풀기 어려운 각종 이슈와 전례 없는 재난이 발생하고 있다. 한 마디로 세상살이가 어렵고 복잡하다. 하지만 인류 역사를 보면, 사람들은 어떤 상황에도 적응해서 살아남기 위해서 스스로 진화해 왔다. 이른바 놀이하는 인간을 의미하는 '호모루덴스'의 출현이 대표적이다. 호모루덴스는 하위징아(J. Huizinga)가 1938년에 네덜란드어로 발간한 'Homo Ludens'라는 동명의 책 제목에서 시작하였다. 이 책은 사회와 문화 활동에서 놀이(play)라는 요소의 중요성을 체계적으로 논의했다. 하위징아는 새로운 세대가 출현하는 (충분조건은 아니더라도) 필요한 환경이 놀이라는 점을 제시했다.

하위징아는 20세기에 등장한 호모루덴스가 21세기 디지털 밈으로 다양한 놀이를 즐길 것을 상상했을까? 그 당시는 세계 2차 대전의 발발 전이라 어둡고 침체한 분위기였다. 따라서 어쩌면 놀이는 사회적 활력을 위해서 강제적이더라도 필요한 시기였다. 세계 대전이 끝났지만, 전 세계는 경제와 환경과 재난 분야에서 인류는 새로운 전쟁을 끊임없이 겪고 있다. 이러한 흉흉하던 분위기는 밈코인 출현의 주요 배경임이 틀림없다. 국내에서도 2017년에 출간된 '즐거움이 경쟁력이다'가 베스트셀러 반열에 오른 것을 보더라도, 호모루덴스는 사회적 트렌드가 되었다.

이 밖에도 밈코인이 잠깐의 유행으로 신기루처럼 사라지지 않고 오히려 더 힘을 얻는 요인이 있다. 밈코인과 NFT 이미지가 만나면서, 모바일 SNS 미디어를 통해서 공유하고 다른 사람에게 과시할 수 있는 환경이 마련되었다. 스마트폰은 거의 모든 세대가 자존감과 친밀감을 표현하는 공간이자 매체가 되었음을 부인하기 힘들다. NFT와 통합된 밈코인은 새로운 형태의 정서적 관행을 표현하고 새기는 데 호모루덴스의 소통 도구로서 기여할 수 있다. 어쩌면 인터넷 중독처럼 밈코인에 대한 편집증적 태도가 사회적 문제가 될 수 있는 상황이 올 수 있다.

일론 머스크가 도지코인을 트윗하면, 사람들이 이것을 투자 신호로 여기고 즉각적으로 반응하는 것을 상기해 보자. 산업계 등 여러 분야에 머스크 팬덤 계층이 존재한다. 이 집단은 머스크의 활동을 소셜 미디어로 실시간으로 널리 공유하고 미사여구 형식으로 홍보한다. 때로는 단순한 바이럴(viral)을 넘어 머스크의 트윗 내용을 시장의 지배적 담론으로 만드는 경향도 있다. 머스크가 이룬 전기 자동차와 우주선 사업의 성공이 밈코인과 암호화폐에서도 그대로 이어진다고 신봉한다. '머스크 효과(Musk effect)'와 '밈코인 패러노이드(meme coin paranoid)'라고 이름 지을 수 있을 만큼 추종자들의 인지적 전이 과정은 호모루덴스 시대에 더욱 폭발적으로 나타나고 있다.

하루가 멀다고 세계 각지에서 무거운 뉴스가 들려오는 시대이다. 밈코인은 따뜻한 공감은 반드시 아닐지라도, 특색 있는 이미지로 사람들을 상상의 세계로 안내해 준다. 밈코인의 본질이 개발자와 투자자의 달콤한 유혹일지라도, 사회적 유행은 호모루덴스가 추구하는 신나는 활동적 욕구와 궤를 같이하는 것이 사실이다. 유희의 인간이 단순히 놀기 좋아하는 세대를 의미하는 건 아니다. 밈코인을 주목하고 유명인의 언급에 반응하며 NFT 이미지를 표현하는 것은 정신적인 창조 활동이다. 호모루덴스가 밈코인과 이누코인을 통해 풍부한 상상의 세계에 참여하고 있다. 기존과 차별적 특징을 지닌 문화적 자산의 생산은 인류 역사의 발전에 궁극적으로 기여할 것이다.

밈코인과 동굴벽화, 밈코인과 NFT, 디지털자산과 콘텐츠 경계 사라지는 신호탄

밈코인과 NFT가 미래세대의 보물창고가 되어가고 있다. 기술적으로 밈코인과 NFT의 작동방식은 다를 수 있다. 밈코인은 독자적 메인넷(main net)이 필요한 암호화폐이므로, 거래검증을 위한 노드(node)가 있다. 물론 메인넷이나 검증자가 없는 밈코인도 있다. NFT는 반 고흐의 '파이프를 물고 귀에 붕대를 한 자화상'처럼 그 자체가 유일무이한 사물이자 징표이다. NFT는 암호화폐나 법정통화를 지불해서 구매 가능한 디지털자산이다.

문화적으로 보면 밈코인과 NFT는 대동소이한 현상이다. 두 개 모두 흥미로운 이미지 소재를 (재)활용하여 해학적 느낌이나 예술적 의미를 찾는 것이다. 대중의 관심이 집중될만한 문화적 원형을 발굴하고 사회적으로 재해석해서 크립토 콘텐츠를 만드는 활동이다. 전통산업에서 원료 조달부터 제조와 유통에 이르기까지 여러 단계를 거쳐 소비자에게 상품이 전달되는 가치사슬이 있는 것과 유사하다. 밈코인과 NFT는 크립토 시대의 문화가치를 창조하는 활동의 총체이다.

일론 머스크는 밈코인 원조인 도지코인 아버지로 불린다. 도지코인은 2013년에 나왔지만, 10여 년 시장에서 주목받지 못했다. 머스크가 2021년 테슬라의 일부 상품에 도지코인 결제 가능성을 언급했다. 머스크가 2022년 4월에 트위터를 인수한 이후에 이용자들이 트위터 서비스의 지불수단으로 도지코인을 사용할 수도 있음도 시사했다. 이른바 머스크 효과로 도지코인은 엄청난 인기를 받기 시작했다.

2022년 5월에 머스크는 NFT 원조인 BAYC를 자신의 트위터 프로필로 설정했다. BAYC는 '지루한 원숭이들의 요트 클럽(Bored Ape Yacht Club)'의 약자이고 NFT이다. 미국의 벤처 회사인 유가랩스(Yuga Labs)가 제작했으며, 초기부터 유명인들 사이에서 인기 수집품이자 투자 대상으로 떠올랐다. 그리고 머스크가 트위터에 올리자마자, 에이프코인(ApeCoin, APE)의 가격이 급등했다. 에이프코인은 BAYC 생태계 조성을 위해 발행된 밈코인이다.

밈코인과 NFT에 나타난 정서적 표현과 거래 행위는 어쩌면 선사시대의 벽화와 유사하다. 구석기인들은 동굴벽화에 여러 동물의 이미지와 움직임을 새겨 넣었으며, 이는 그 시대의 인간들에게 야생 동물은 생존의 근본 조건인 음식을 공급하는 매개체였고, 오늘날 종교적 신과 같이 경의와 숭배의 존재였다. 구석기인은 벽화 앞에서 지금의 제사와 유사한 여러 의례적 모임을 가지면서 동일한 집단으로서 소속감도 배웠을 것이다.

동굴벽화를 작성한 주술가와 같이, 머스크는 디지털 시대에 밈코인과 NFT의 전도사로 자리매김하고 있다. 부족의 대장은 들소 벽화에 내재된 중요한 의미와 예언적 능력을 부락에 알리고 동참하도록 요구한다. 머스크도 그의 추종자들에게 밈코인과 NFT가 거대한 부를 가

져다주는 들소 벽화라고 말하는 듯하다. 팬덤 집단이 밈코인과 NFT를 구매하고 보유함으로써 머스크를 향한 높은 신뢰성을 공개적으로 드러낸다. 머스크와 그를 따르는 트위터 이용자들은 거리두기를 한 관객에서 그들만의 공동체의 일원으로 다시 태어난다.

유명인의 말 한마디와 구매 행위에 밈코인과 NFT의 시장 가치가 크게 변동한다. 상황이 이러다 보니 밈코인은 디지털자산의 기축 통화로 기능하는 비트코인과 동조현상(coupling)이 다소 약하다. 동조현상이란 서로 다른 현상이 유사한 패턴을 지니는 것이다. 통계적으로 상관성 값을 제시하는데, 0에서 1까지 범위를 지닌다. 0은 서로 관련이 전혀 없음이고 1은 연관성이 가장 높은 것이다.

크립토 분석 사이트 인투더블록닷컴(intotheblock.com)은 최근 30일 동안 비트코인과 다른 코인과의 가격 상관성을 제공한다. 이더리움과 여러 알트코인 등이 비트코인과 0.9를 전후로 한 높은 상관성 값을 지니지만, 밈코인과 비트코인 간 상관성 강도는 상대적으로 낮다. 따라서 밈코인과 NFT 시장이 유명인 효과로 활성화되는 것을 반드시 부정적으로 볼 필요는 없다. 디지털자산 시장의 규모가 커지면서 세분화와 전문화됨을 시사한다.

밈코인과 NFT의 탄생 공간은 블록체인이다. 블록체인은 기존 인터넷과의 차별점은 탈중앙화된 분산성이다. 그런데 거래소는 아직도 집중화된 구조이다. 2017년에 설립된 오픈씨(opensea.io)는 NFT를 독자 산업으로 정착시키는 데 기여했다. 하지만 역설적이게도 오픈씨는 중앙화된 거래소이다. 뚜렷한 경쟁업체도 없다 보니 수수료를 임의로 높게 책정할 뿐만 아니라 거래 가능한 NFT 선별 권한을 남용하고 있다.

과거에 포털이 자기 입맛대로 언론사를 선택하여 뉴스 서비스에 올렸듯이 거래소가 밈코인과 NFT의 상장 여부를 전적으로 결정한다.

당장에 거래소의 횡포를 제어하거나 문제를 해결할 제도적 장치는 없어 보이는데, 이는 디지털자산에 대한 법 제도가 아직 자리 잡지 못했기 때문이다. 특히, 우리나라는 디지털 융합 환경에서 새로운 콘텐츠가 나올 때마다 법적 근거가 모호해서 외국 서비스에 시장이 잠식당한 경우가 많다. 유튜브와 넷플릭스 등이 공중파와 유료 방송 서비스를 대체하고 있지만, 법 제도의 정립과 개편이 더디게 진행되고 있다. 밈코인과 NFT는 디지털자산과 콘텐츠의 경계가 사라지는 신호탄이 될 것이다. 크립토의 도전과 기회에 국가적 대응 방안이 절실하다.

공짜로 뿌려지는 밈코인 에어드롭은 양날의 칼

월급은 오르지 않는데 물가는 폭등하고 살림살이는 나아지지 않는 것이 작금의 현실이다. 그래서 무료로 준다고 하면 묻지도 따지지도 않고 일단 받고 보자 심리가 사회적으로 만연되어 있다. 오죽하면 "공짜라면 양잿물도 마신다"라는 우리 속담이 있겠는가. 현대 마케팅에서 하나를 돈 내고 사면 다른 하나를 공짜로 주는 이른바 '원플러스원(1+1)'이나 시식 코너와 화장품 샘플 등이 대표적인 사례이다. 유튜브와 넷플릭스의 OTT 동영상 서비스의 1개월 무료 시청도 공짜 심리에 기댄 마케팅이다.

'공짜로 뿌린다'라는 영어 표현은 에어드롭(air-drop)이라고 한다. 공중 혹은 공기라는 뜻의 에어(air)와 '떨어뜨린다' 의미의 드롭(drop)의 합성어이다. 전쟁이나 지진과 홍수 등 자연재해가 발생한 지역에 지상 교통이 접근하기 힘들게 되자, 비행기나 헬기가 출동하여 사람이나 물건 등을 낙하산으로 공중에서 배포하는 행위가 바로 에어드롭이다. 따라서 에어드롭은 급박한 상황에서 공급자가 위험을 무릅쓰고라도 수요자의 니즈(needs)를 충족시키기 위한 전략이다.

국내외 정부가 코로나 전염병 시기에 국민 전체에 지급한 보조금도 에어드롭으로 볼 수 있다. 평상시라면 이러한 규모의 시혜(施惠)를 여러 번에 걸쳐서 하지 않기 때문이다. 인플레이션의 위험이 있었지만, 에어드롭의 사전적 의미처럼 곳간에 저장한 재원을 하늘에서 뿌린 것이다. 특히, 미국이 전대미문(前代未聞)의 재난이 발생하자 정부가 헬기가 되어 세금을 구호품처럼 배포했다. 이른바 낙수(落水) 효과를 기대한 것이다. 위에서 많은 강물을 보내주면 아래에 물이 부족한 지역이 물을 공급받을 수 있다는 논리가 숨겨져 있다.

에어드롭이라는 용어는 비트코인(BTC)과 이더리움(ETH) 등의 암호화폐 시장이 커지면서 사람들에게 널리 알려지게 되었다. 디지털자산 분야에서 에어드롭은 무료로 코인과 토큰을 배포하는 경우이다. 새로운 코인과 토큰을 홍보하고 초기 이용자를 확보하여 네트워크 효과를 창출하는 것이 목적이다. 사람들에게 일부만 유통시켜 공짜로 소유하게 한 뒤에 제대로 투자하고 싶으면 자기 돈 내고 사서 매집을 유도하는 수법이다. 에어드롭은 전통적 주식시장에서 배당금을 주거나 무상증자하여 기존 투자자에게 추가 혜택을 주는 것과 유사한 개념이다.

하지만 가상 자산시장에서 에어드롭은 투자가가 해당 코인이나 토큰을 추가로 구매할 때는 돈을 지불해야 한다는 점에서 차이가 있다. 예컨대 지분증명(Proof of Stake) 기반으로 속도가 빠르고 저렴한 비용 덕택에 송·수신 거래에 특화한 트론(TRX)이라는 코인이 있다. 트론을 소유한 사람들에게 비트토렌트(BTT) 신규 코인을 에어드롭 방식으로 무료로 배포했다. 그런데 이 비트토렌트 코인이 불과 1년 만에 수천 퍼센트 수익을 낳기도 했다.[53] 이렇게 되자 에어드롭을 하는 트론과 에어드롭이 된 비트토렌트 모두를 신규로 구매하려는 사람들이 당시에 많이 나타났다.

특별한 이용 가치가 없는 밈코인과 신생 프로젝트는 에어드롭 마케팅에 더욱 적극적이다. 이러다 보니 에어드롭을 미끼로 개인정보의 탈취와 해킹도 잊을만하면 발생한다. 그래서 좀비이누(ZINU)는 공식 텔레그램 방에서 자신을 에어드롭을 하지 않는 밈코인으로 소개하며 구매자의 주의를 환기시키기도 한다. 에어드롭 코인이 공짜 이익이 되기도 하지만, 동시에 또한 큰 손해를 가져올 수도 있다 보니 거래소들도 서로 다른 대응을 한다. 국내 양대 거래소인 빗썸과 업비트를 비교하면, 전자는 트론의 에어드롭 코인으로 유명해진 아펜프트(APENFT)를 상장했지만 후자는 하지 않았다.

스마트폰의 급속한 보급으로 에어드롭은 우리들 일상생활 속으로 파고들었다. 아이폰으로 유명한 애플사는 애플 기기를 이용하는 사람들이 주변의 다른 애플 소비자들과 파일을 쉽게 공유하는 기능을 설치하였다. 에어드롭은 무선으로 사진과 동영상 등을 9m 이내에 있는 다른 애플 사용자에게 전송할 수 있는 공유 시스템의 이름이다. 지난 2022년 9월 초에 미국발 멕시코형 비행기 안에서 한 승객이 나체 사진을 애플의 에어드롭으로 다른 승객들에게 공유한 사건이 있었는데,[54] 무심결에 음란한 내용의 파일을 주고받은 승객들 때문에 휴가객으로 가득 찬 비행기는 이륙을 못 할뻔했다.

하지만 이 세상에는 정답도 없고 비밀도 없다. 마찬가지로 공짜 점심도 없다. 미국에서 골드러시(Gold Rush) 이른바 황금 개척기에 한 식당이 공짜 점심을 준다는 광고를 했고, 공짜 점심을 기대한 노동자들이 식당으로 순식간에 모여들었다. 그런데 식사는 공짜였지만 점심 반주용 술을 반드시 주문하는 조건이 있었다. 식당은 점심을 무료로 제공했지만, 술 판매로 수익을 올렸다. 반면에 점심부터 술에 취한 노동자들은 오후 작업의 생산성이 눈에 띄게 떨어지게 되었다. 이러자 금광 회사는 공짜 점심 마케팅을 금지해달라고 주 정부에 청원을 제출했다.

한마디로 정리하면, 공짜 좋아해서 이득 본 사람도 조직도 거의 없다는 것이다. 미국에서 지급한 코로나 지원금은 강(强) 달러 정책을 가져오면서 글로벌 경제의 큰 위협 요소가 되고 있다. 에어드롭이 촉발한 가격 상승과 추가로 받는 공짜 코인을 기대한 투자자들은 디지털자산 시장의 버블이 터지면서 매우 힘들어하고 있다. 애플의 근거리 파일 공유 사건으로 에어드롭은 경제학을 넘어 디지털 역기능의 새로운 요소가 되었다. 하늘에서 돈이 그냥 떨어지기를 기다리지 말고 스스로 노력하는 자세를 갖추는 것이 중요하다. 에어드롭과 공짜 점심은 범(호랑이)보다 더 무서울 수 있기 때문이다.

밈코인 전수조사를 해 보니

영남대 사이버감성연구소와 빅로컬빅펄스랩은 밈코인의 현황을 조사하였다. 여기에서 이 결과를 소개하고 연관된 내용을 검토한다. 조사 및 분석에 김재훈 연구원 등이 참여했다. 연구팀은 코인마켓캡(coinmarketcap.com)에서 밈코인으로 분류된 총 319개를 분석 대상으로 하였다.[55] 수집한 데이터는 시가 총액(market capitalization), 시가 총액 순위(rank), 관심도(watchlist), 유통 공급량(circulating supply), 트위터 주소, 밈 이미지 등이다. 관련 데이터는 2022년 5월 18일에 수집하여 수개월에 걸쳐 분석 및 정리를 하였다.

• 밈코인의 상징 이미지와 특징

밈코인의 상징은 동물 등의 캐릭터이다. 밈코인의 원형을 파악하기 위해서 코인마켓캡에서 제공한 상세 설명과 트위터 공식 계정을 조사하였다. 그 결과를 [표 1]과 [그림 2]에 정리하였다.

표 1. 밈코인의 상징 이미지 분포

이미지 원형	빈도	비율	이미지 원형	빈도	비율
동물	234	76.47%	성적 이미지	6	1.96%
기존 밈 차용	15	4.90%	상상의 동물	3	0.98%
애니메이션	13	4.25%	드라마 & 영화	2	0.65%
음식	13	4.25%	기타	10	3.27%
유명인	10	3.27%			

N = 306, 조사 불가(N.A) 제외

그림 2. 밈코인의 상징 이미지 분포

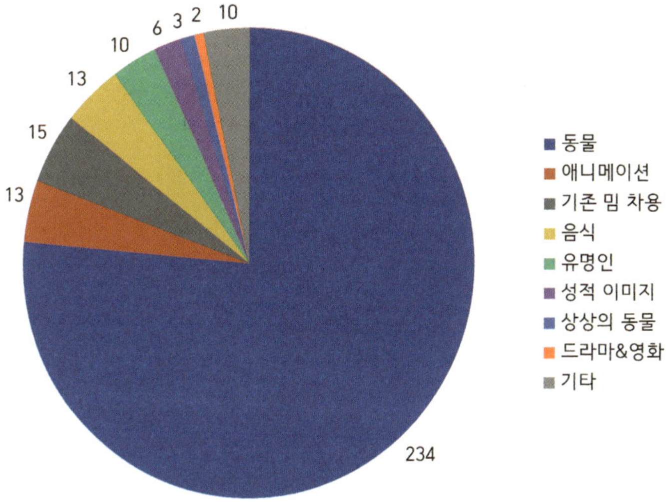

먼저 동물과 관련한 밈이 234개로 가장 많았다. 이를 세부적으로 살펴보면, 개와 관련된 밈이 총 234개 가운데 204개로 가장 많았으며, 고양이 12개, 원숭이 4개로 나타났다. 이외에도 다양한 동물이 밈으로 사용되었는데, 이는 복어, 악어, 개구리, 염소, 유대목 동물(marsupial), 돌고래, 나무늘보(sloth), 오징어, 고래가 해당한다.

그리고 13개의 코인이 애니메이션을 밈으로 사용하였다. 그 종류는 포켓몬, 원피스, 심슨, 헌터×헌터, 드래곤볼, 가필드 등이다. 애니메이션 자체, 등장인물이나 사물을 밈으로 사용했다. 조로이누(ZORO) 코인은 원피스의 조로를, 킬루아이누(KILLUA)는 헌터×헌터의 등장인물 킬루아를 사용하였다. 쉬바더프(SHIBADUFF) 코인은 심슨에서 등장하는 맥주 더프비어를 상징으로 사용하였다.

그림 3. 조로이누(ZORO) 코인

출처: https://coinmarketcap.com/ko/currencies/zoro-inu/

밈 표현 자체를 원형으로 삼은 코인도 존재했다. 호들(HODL), 와그미(WAGMI)처럼 코인 커뮤니티에서 발생한 밈 표현을 상징으로 차용하였다. HODL이란 영어 hold(보유하다)의 오타로 코인 가격이 폭락하더라도 계속 보유하는 것을 의미한다.[56] WAGMI는 'We all gonna make it'의 약자로써 '우리는 모두 해낼 거야'와 같은 격려의 의미를 담은 표현이다.[57] 이외에도 PEPE, NORF, PAJEET처럼 인터넷 커뮤니티에서 탄생한 밈을 모티프으로 한 경우도 존재하였다. 페페(PEPE)는 미국 애니메이션 보이즈 클럽(Boy's Club)의 등장인물이다. 2000년대 후반부터 미국 인터넷 커뮤니티에서 밈으로 사용되었다.[58] 놀프(NORF)는 잉글랜드 북부의 축구 팬을 풍자하기 위한 밈이다.[59] 파이트(PAJEET) 또한 미국의 인터넷 커뮤니티에서 인도인을 얕잡아 이르는 말로 사용된다.[60]

음식 또한 밈코인 이미지로 사용되었다. 스파게티, 파인애플, 팝콘,

그림 4. 놀프 파이낸스(NORF FINANCE)

출처: https://coinmarketcap.com/currencies/norf-finance/

그림 5. 파이트코인(PAJEETCOIN)

출처: https://coinmarketcap.com/currencies/pajeetcoin/

감자, 음료, 마늘, 바게트 등이 나타났다. 여기서 흥미로운 점은 로튼(ROTTEN)은 스시스왑(SUSHISWAP)코인으로부터 분리된(hard-fork) 것으로, 썩은 스시 이미지를 사용하였다. 유명인들도 이미지 원형으로 사용되었다. 테슬라 창립자 일론 머스크(Elon Musk), 페이스북 창립자인 마크 저커버그(Mark Zukerberg), 일본의 여성 프로레슬러 아스카(Asuka), 미국의 코미디언이자 성범죄자인 빌 코스비(Bill Cosby), 아카데미 시상식에서 뺨을 때린 윌 스미스(Will Smith)의 행동을 원형으로 한 밈코인도 존재하였다. 프랑스의 개그맨으로 유명한 보그다노프(Bogdanoff) 형제의 사망을 기리기 위한 밈코인이 발행되기도 하였으며, 크리스마스 산타도 이미지 원형으로 사용되었다.

성적 이미지는 성기를 나타내는 단어가 밈코인 이름에 포함되었다. 상상의 동물로 고대 그리스 신화에 등장하는 머리가 3개 달린 동물인 케르베로스(CERBERUS)와 유니콘을 원형 이미지로 한 디나(DINA)가 있다. 드라마와 영화는 넷플릭스의 오징어 게임과 2018년 개봉한 영화 '빌리어네어 보이즈 클럽(Billionaire Boys Club)'을 패러디한 이미지를 사용하였다.[61]

기타 항목은 어떠한 범주에도 포함되지 않는 이미지이다. 예컨대,

그림 6. 로튼(ROTTEN)

출처: https://coinmarketcap.com/ko/currencies/rotten/

그림 7. 티키 토큰(TIKI TOKEN)

출처: https://twitter.com/realtikitoken

티키 토큰(TIKI TOKEN)의 경우 마오리족 신화에서 선조를 나타내는 티키를 이미지로 삼았다. 또한 푸코인(POO COIN)은 대변(똥)을 상징으로 사용하였다.

반면, 밈코인 범주에 포함되어 있지만 공식 계정에 밈관련 게시물이 전혀 없는 경우와 원형 이미지 파악이 불가능한 경우에는 조사 불가(NA, not available)로 처리되었다. 예컨대 이알씨20(ERC20)은 밈코인 범주에 속해있지만, 원형과 트위터 게시물 모두 밈 이미지가 전혀 없었다.

• 밈코인의 발행 연도와 특징

코인마켓캡에서의 가격 차트의 시작 일을 이용하여 코인의 발행 연도를 수집하였다. 가격 차트가 나타나지 않아 상장일을 구체적으로 알 수 없는 146개 코인을 제외하였다. 도지코인이 2013년으로 밈코인

그림 8. 연도별 상장된 밈코인의 빈도

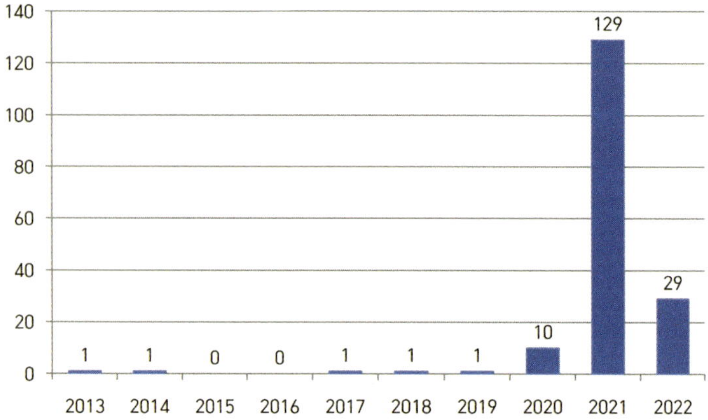

출처: 코인마켓캡에서 제공한 정보를 바탕으로 재구성, N=173

중 가장 먼저 발행되었으며, 모나코인(MONA), 이알씨20(ERC20), 갈릭코인(GRLC), 도지캐시(DOGEC)가 2014년, 2017년, 2018년 그리고 2019년에 뒤이어 발행되었다. 이들은 밈코인 분야에서 4위, 8위, 17위, 23위로 밈코인 중 높은 순위를 나타냈다. 2021년 발행된 코인이 173개 코인 가운데 129개로 가장 많았으며, 2022년이 29개 그리고 2020년이 10개로 밈코인 대부분이 2020년 이후에 발행된 코인이었다. 이는 대부분의 코인이 대중의 관심을 받기 시작한 2021년 전후에 탄생하였음을 의미한다.

• 밈코인의 유통 공급량 분포와 특징

유통공급량은 시중에 거래되는 해당 밈코인의 양으로, 유통량이 나타난 코인은 104개였다. 밈코인의 유통 공급량이 가장 많은 코인은 쉬바코기SHIBACORGI)로 공급량은 69,493,901,351,836.1B이다. 이것을 한글로 읽으면, 694해 9,390경 1,351조 8,361억이다. 공급량이 두 번째로 많은 코인은 선오브도지V2(SON OF DOGE V2)로 6,731,618,481,174,100M이다. 이는 67해 3,161경 8,481조 1,741억이다. 유통량 상위 10개 코인 중 시가 총액이 $1억이 넘는 코인은 베이비도지코인(BABY DOGE COIN)이 유일했다. 베이비도지코인의 공급량은 154,334,184,605,719,000이고, 15경 4,334조 1,846억 571만 9,000이다. 유통량이 가장 적은 밈코인은 페페몬 페페볼즈(PEPEMON PEPEBALLS)로 14,000개에 불과했다. 공급량은 편차가 매우 큰 것을 확인할 수 있었다. 유통량 분포는 [표 2]로 정리하였다.

표 2. 밈코인 유통공급량 분포

최대값	최솟값	중앙값	평균	표준편차
69,493,901, 351,836.1B	14,000	381,538,902, 526	668,874,816, 464,271M	6,814,375,105, 120,180M

* M은 Million(100만)을 의미하며, B는 Billion(10억)을 뜻한다.

• 밈코인의 시가 총액과 관심도

시총 기준에서 상위 20위권 코인을 간략히 살펴보자. 도지코인(DOGE)과 쉬바이누(SHIB)가 1위와 2위이다. 이 두 개 밈코인은 코인 시장 전체에서 10위와 15위의 높은 순위를 차지하고 있다. 도지코인의 시총은 $11,885,568,667로 쉬바이누의 $6,849,178,043보다 약 2배가 많다. 그 뒤를 이어서 도그일론 마즈(ELON), 모나코인(MONA), 쉬바 프레데터(QOM), 새모이드코인(SAMO), 버나노우(BAN), 이알씨20(ERC20), 호우지 파이낸스(HOGE), 도지 대쉬(DOGEDASH) 등이 분석 대상인 밈코인 그룹의 10위권에 있다.

관심도에서 1위는 엑셜 이누(AXL)이다. 약 7백만 명으로부터 주목받았다. 시총에서 엑셜 이누의 순위는 코인시장 전체에서 3,525위였지만, 밈코인 그룹에서 46위를 차지하였다. 그렇지만 엑셜 이누의 관심도는 2위인 쉬바이누, 3위인 도지몬고(DOGO), 4위인 도지코인의 1백7십만 명 전후와 큰 차이로 앞서고 있었다. 그 뒤로는 도그스 오브 일론(DOE), 도그일론 마즈 등이 나타났다.

여기에서 잠깐 흥미로운 사항을 찾아서 정리해 보자. 플로키 이누(FLOKI)는 관심도에서 11위로 약 21만 명으로부터 주목는데, 영국에서 지하철 광고 등 판매 촉진을 위한 적극적 마케팅을 진행하는 코인으로 유명하다. [그림 9]의 광고 문구를 보면, "도지코인을 놓쳤으면, 플로키이누를 잡아라"로 되어 있다.[62] 이것은 밈코인 생태계에서 도지코인의 위상을 잘 보여주는 사례이다. 도지코인은 밈코인의 아버지로 간주된다.

일론 머스크는 2021년 2월 초에 초현실적인 '라이온 킹' 사진을 공유하였다 (그림 10). 그는 도지코인을 '민중의 코인(the People's Crypto)'이라고 부르며 라이온 킹 밈과 함께 트위팅했다. 당시에 일론 머스크는 4천 5백만 명의 팔로워들을 보유하고 있었다. 그리고 도지코인 트윗 직전까지 비트코인의 급등을 도왔다. 그랬던 그가 트위터에서 갑자기 #비트코인을 제거하고 #도지코인을 말했다. 이러자 당시 도지코인의 가격은 하루 만에 50% 이상 상승했다. 이후 그가 '토요일 밤 라이

그림 9. 영국 지하철에 등장한 플로키 이누 광고[63]

출처: twitter.com/RealFlokiInu

그림 10. 일론 머스크의 도지코인 라이온 킹 밈[65]

출처: twitter.com/elonmusk

브(Saturday Night Live)'에 출연하는 것으로 도지코인의 인지도와 가격은 절정에 오르면서 급등과 급락의 랠리를 시작했다.[64]

시총 2위인 쉬바이누는 2020년에 탄생했고, 세상에 나오자마자 도지코인의 후광을 입으며 대중적으로 알려지게 되었다. 그래서 도지코인과 비교해서 쉬바이누를 밈코인의 어머니라고 부르기도 한다. 쉬바이누의 가장 특징은 코인을 소각할 수 있는 포털 웹사이트를 운영하는 점이다. 투자자가 자신이 보유 중인 코인을 소각하면 그 보상으로 번트쉽(burntSHIB)라는 토큰을 지급받는다. 이것은 이후 료시 토큰

그림 11. 쉬바이누 소각 포털

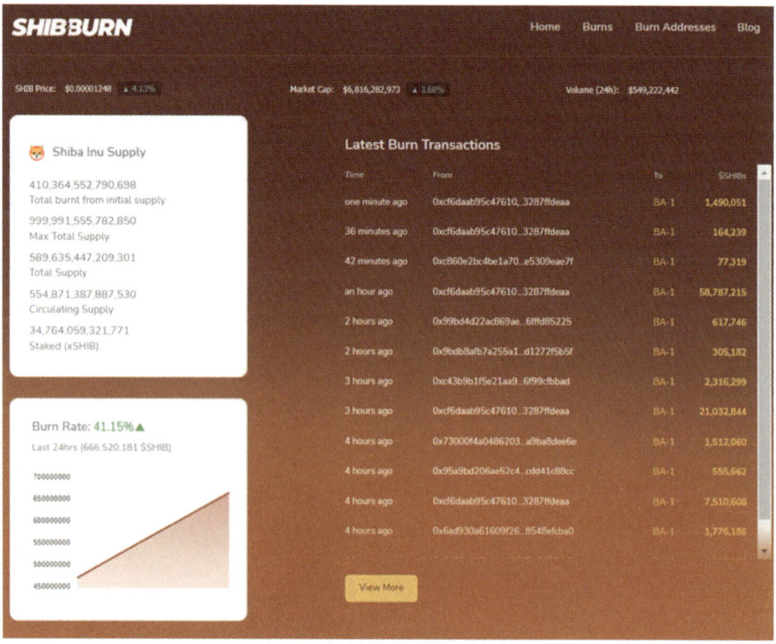

출처: shibburn.com

(Ryoshi Token, RYOSHI)으로 교환된다. 료시는 시바이누의 개발자로 알려진 수수께끼의 인물이 자신을 부르는 이름이다.[66] 료시는 어부라는 뜻이다.

시총과 관심도 모두에서 상위 10위권에 포함된 도그일론 마즈(ELON)와 관심도에서 5위를 차지한 도그스 오브 일론(DOE)을 보자. 명칭에서부터 일론 머스크를 차용했다는 점이 가장 눈에 띈다.

[그림 12]는 좀비이누(ZINU) 트위터에 올라온 일론 머스크의 관심을 호소하는 내용이다. 트윗 내용은 "오늘은 일론 머스크 트위터 계정이 좀비이누 관련 트윗을 좋아하도록 요청하기 시작한 27일째 되는

그림 12. 일론 머스크의 '좋아요'를 요청하는 좀비이누 트위터 내용

출처: twitter.com/ZinuNews

날. 일론 머스크가 만약 이 포스트를 좋아한다면, 그것은 돈으로 가득 찬 풀장으로 다이빙하는 것과 같다."

이러한 현상을 보면, 밈코인 투자자들 사이에 서로를 지지하는 강력한 호들러(holder) 공동체가 형성되고 극적인 가격 상승과 바이럴(viral)을 할 수 있었던 에너지는 일론 머스크임을 부인할 수 없다.

• 결론

밈코인은 일론 머스크와 관련성이 매우 깊다. 2021년에 일론 머스크가 보여준 유명인 효과가 없었다면, 코인과 토큰 세계에서 밈코인은 세상 밖으로 영원히 나오지 못할 수도 있었다. 일론 머스크가 주도한 커뮤니티가 밈코인 시장으로 흘러들지 않았다면, 일반 사람들은 밈코인에 대한 신뢰가 생겨나기 힘들었을 것이다.

밈코인 시총 1위이자 관심도 4위인 도지코인은 2013년에 탄생한 밈코인의 원조이다. 그렇지만 일론 머스크가 도지코인을 소셜 미디어에서 수천만 명의 지지자들과 정보를 나누기 시작하면서, 밈코인에 대한 대중의 관심이 치솟았다. 사실 도지코인은 가장 먼저 나오긴 했지만, 발행방식 등에서 밈코인의 보편적 특징과 구별되었다. 도지코인은 작업증명방식(PoW)이다. 그리고 개발자가 알려져 있다.

하지만 2020년 이후에 봇물 터지듯 쏟아진 수많은 밈코인들은 지분증명방식(PoS)이고 누가 개발을 주도했는지 익명으로 남아있다. 이런 특징 때문에, 밈코인 투자를 두고 경고의 목소리가 많다. 개발이나 운영의 주체가 알려져 있지 않으니, 밈코인 실패에 따른 투자 책임을 물을 대상이 없다는 것이다. 그럼에도 불구하고, 그만한 위험 부담을

짧아져야 함을 알고 있음에도 밈코인에 쏠리는 관심을 부인할 수 없는 것이 현실임을 또한 인정해야 할 것이다.

연습문제

01 **웹1, 웹2, 웹3에서 사람들이 가지는 데이터와 콘텐츠에 대한 능력으로 부적절한 것을 모두 고르시오.**

① 웹1–읽기 ② 웹2–쓰기만 가능

③ 웹2–읽기와 쓰기 ④ 웹3–읽기, 쓰기, 소유

⑤ 웹3–읽기만 가능

02 **웹3에서 구현되는 카스텔스가 말하는 커뮤니케이션 파워는 무엇인가?**

① 대인 ② 대중

③ Human ④ MSC

⑤ Chain

03 **웹3의 서술로 부적절한 것을 모두 고르시오.**

① 중앙화된 서비스를 구축하는 것이 목적임

② 플랫폼 독점적인 디지털 세상으로부터 벗어나는 것을 목표로 함

③ 개인의 디지털 정체성과 자산계정이 서로 분리되도록 함

④ 개인이 자신이 생산한 데이터의 통제성을 갖도록 하는 것

⑤ 웹3는 시장의 과도한 기대가 만들어낸 용어라는 비판도 존재함

04 **DLT에 대한 부적절한 서술은 무엇인가?**

① 분산원장기술을 뜻한다

② Distributed Ledger Technology

③ Dissemination–Level Technology

④ 블록체인 네트워크이다

⑤ DLT 거래는 조작이 불가능한 불역성의 특징

05 **스마트 계약의 역할과 기능으로 적절한 것을 모두 고르시오.**

① 법적 구속력

② 조건이 충족되는 경우 등기가 완료되도록 컴퓨터 프로그래밍 된 자동 계약

③ 소유권 증명 계약

④ 미리 정한 조건으로 계약 실행이 디지털 기반 자동화

⑤ 블록체인 네트워크에서 실행됨

06 **블록체인에 대한 서술로 부적절한 것을 모두 고르시오.**

① 블록(block)이 기본 단위

② 거래를 기록하는 분산된 공개 장부

③ 사슬처럼 상호연결된 네트워크

④ 사용자들이 컴퓨터로 생성된 환경 및 다른 사용자와 상호작용할 수 있는 가상현실 공간

⑤ 초자연적 현상

07 보기에서 설명하는 개념은 무엇인가?

〈보기〉

탈중앙화 금융(Decentralized Finance)의 약자로서 크립토를 매개로 담보, 대출, 예치하는 새로운 형태의 금융시스템을 의미한다.

① 스마트 금융 ② 담보 대출
③ 모바일 뱅킹 ④ 디파이
⑤ 리얼파이

08 웹3를 둘러싼 논쟁으로 부적절한 것은?

① 제한과 장벽이 없는 재정 시스템의 구축
② 기축 통화로부터 자유로운 탈집중화된 금융시스템의 도래
③ 플랫폼을 중심으로 데이터를 집중화
④ 마케팅을 위한 용어에 불과
⑤ 분산 네트워크의 초기 인터넷 정신 회복하기

09 DAO(다오)에 대한 설명으로 틀린 것을 모두 고르시오.

① centralized autonomous organization
② 커뮤니티 구성원 수와 투표 등 참여도에 따라 성공여부가 달려있음
③ 법적 양도 및 양수 계약으로 관리되고 토큰으로 지원됨
④ 서비스를 운영하는 회사에 그 권한을 위임할지 자율적으로 선택함
⑤ 오픈소스 소프트웨어 개발, 미국 헌법 구매를 위한 크라우드 소싱 시도 등이 이러한 예에 해당

10 **웹3 공간에서 알려진 위험 요소로 부적절한 것은 무엇인가?**

① 웹3 자산의 낮은 가격 변동성

② 개인정보 보호 결여

③ 다양성 부족

④ 익명성

⑤ 불역성

11 **디지털 웹3 지갑의 해킹을 방지할 수 있는 적절한 방법이 아닌 것은? 모두 고르시오.**

① 누가 요구하면, 비밀번호나 시드 문구를 입력함

② 거래를 끝낸 후에도 지갑 연결을 유지함

③ 감사된 스마트 계약과만 상호작용

④ 알 수 없는 발신인이 보낸 링크는 확인하기까지 클릭 금지

⑤ 멀웨어가 설치되지 않도록 하고 보안 패치 업데이트

12 **보기에서 설명하는 개념 및 현상은 무엇인가?**

〈보기〉

새로 나온 웹3 프로젝트의 홈페이지에 타이머가 실시간으로 남은 시간을 표시하며 구매를 요청함. 비트코인과 이더리움 등 코인 가격이 갑자기 상승해서 나만 좋은 기회를 놓칠까봐 두려워하는 마음을 자극함.

① NFT

② FOMO

③ 피싱

④ 해킹

⑤ 리얼파이

13 **웹3 분야에서 자주하는 의사소통 채널이 아닌 것은?**

① 텔레그램 ② X(트위터)
③ 전화 통화 ④ 디스코드
⑤ AMA

14 **보기에서 설명하는 개념 및 현상은 무엇인가?**

〈보기〉

자신이 평소 사용하는 웹3 디지털 지갑에 나도 모르는 코인, 토큰, NFT 등이 나타난다. 그 옆에서는 현재 거래되는 가격이 표시되어 있다. 궁금함을 참지 못하고 내 계정에 투하된 코인, 토큰, NFT를 클릭한다. 상호작용을 시작하니, 마켓플레이스나 가상자산 기업의 지원팀 직원이라면서 시드 문구, 메타마스크 복구, QR 코드와 같은 정보를 요구한다.

① NFT ② FOMO
③ 피싱 ④ 해킹
⑤ 리얼파이

15 **NFT에 대한 설명으로 적절한 것을 모두 고르시오.**

① 내가 가진 물건의 유일한 소유권을 나타내는 웹3 토큰
② 가상자산 거래를 위한 시드 문구
③ 분산 장부를 가능하게 하는 블록체인 기술
④ non-fungible token
⑤ 유명 화가의 디지털 이미지

16 **비트코인과 이더리움 관련한 웹3 기술의 비교이다. 부적절한 것은?**

① 비트코인은 채굴 방식이어서 금과 유사함
② 이더리움은 지분증명 방식으로 작동함
③ 이더리움은 플랫폼으로 기능함
④ 비트코인은 법정 통화로서 은행에서 취급함
⑤ 이더리움은 세계 컴퓨터를 지향함

17 **NFT 생성(민팅)과 보유 등에 대한 부적절한 설명은?**

① NFT는 물리적 공간의 내가 소유한 품목과 유사하게 대여를 통해서 수익을 창출할 수 있다.
② NFT는 블록체인에서 작동하는 데이터로서 콘텐츠의 유통을 강조하는 모델
③ NFT는 한 번에 여러 명의 소유자가 존재하므로 분쟁이 자주 발생한다.
④ NFTFi = NFT + DeFi 2개를 합친 개념
⑤ NFT 제작부터 모든 과정에 걸쳐 다양한 작업을 가능하게 만드는 것이 스마트 계약이다.

18 **NFT에 대한 설명으로 적절한 것을 모두 고르시오.**

① NFT는 비공개된 장부에 있으므로 거래 데이터를 추적이 불가능함
② BAYC NFT는 'Bored Ape Yacht Club'의 약자
③ 고가의 NFT를 부분으로 쪼개는 분수화·조각화는 위법
④ 창작자를 제거하고 중개자를 위한 새로운 시장 역학을 만들어내는 혁신적인 일

⑤ 스마트 계약을 보면 내가 구입한 NFT의 과거와 현재의 소유권을 확인 가능함

19 **디지털 지갑이란 무엇인가요? 부적절한 것을 모두 고르시오.**

① 웹3 자산에 접근하고 보관할 수 있게 하는 앱

② 모바일 뱅킹의 일종

③ 대중적 지갑으로 메타마스크가 있음

④ NFT 구매와 판매를 위해서 필요함

⑤ NFT 저작권 및 복제권에 관한 법적 계약서를 보관하는 장소

20 **디앱(dApp)이란 무엇인가로 부적절한 것은?**

① NFT

② 디지털 지갑과 연결하여 작동하는 앱

③ 블록체인에서 운영되는 앱

④ distributed appliance

⑤ decentralized application

21 **디지털 지갑과 거래소에 대한 부적절한 서술을 모두 고르시오.**

① 비수탁형 지갑 – 신용카드나 은행 계좌 정보를 추가하는 것이 필수

② 수탁형 지갑 – 비밀번호를 잊어버리더라도 지갑의 자산을 잃지 않음

③ 비수탁형 및 수탁형 지갑은 암호화폐를 지갑에서 직접 구매하는 것이 가능함

④ 비수탁형 지갑 - 지갑 제조 및 판매 회사가 회원의 지갑에 액세스할 수 있는 권한이 존재함

⑤ DeX(덱스) – Decentralized exchanges

22 **인공지능(AI) 기술과 블록체인에 대한 부적절한 서술은?**

① 대화형 AI 모델을 적용하면 비수탁형 지갑의 사용자 인터페이스(UI)와 경험(UX)을 높일 수 있다.

② 스마트 계약의 특정 조건이 충족되면 AI 알고리즘에 의해 자동으로 해당 서비스가 실행되는 지능화된 블록체인을 구현할 수 있다.

③ 사회공학 기반의 피싱으로부터 이용자를 보호하는 지능형 경고 메지시를 보낼 수 있다.

④ 익명성을 실명성으로 바꾸어서 해킹으로부터 안전할 수 있다.

⑤ 만들고 싶은 ENS NFT를 입력하면, 생성형 AI가 이용 가능 여부 등을 고려하여 최적의 도메인을 추천해줄 수 있다.

23 **DAO에 대한 설명으로 맞는 것은?**

① Double awesome organization

② PoW(포우) 코인에서 스테이킹을 통해 내 지분을 위임할 수 있다.

③ Decentralized awesome organization

④ DAO의 모든 멤버는 동일한 투표권을 보유한다.

⑤ DAO에는 금고가 있으며, 이 금고는 멤버들이 직접 공동으로 소유하고 관리한다.

24 **DAO 사례와 설명이 부적절한 것은?**

① 버드와이저가 신제품 소개 광고에서 애니메이션 안경(NFT) 착용여부를 나운스(Nouns) DAO와 협의한다.

② 멤버는 본인이 DAO에 기여/투자한 내역에 따라 거버넌스 토큰을 받는다.

③ 이더리움을 자금으로 모금하는 커뮤니티를 DAO라고 말한다.

④ 대형 밸리데이터(위임자)들의 경우, DAO에 당연직으로 참여한다.

⑤ 예술 작품의 조각 소유권을 추구하는 DAO로 어산지DAO, 파티DAO, 플라밍고DAO가 있으며, 참여한 투자자들은 고가의 미술작품 NFT들을 집단적으로 매입해서 판매가격, 수수료 등을 결정하는 역할을 수행한다.

25 **디지털 지갑의 사례와 설명으로 적절한 것을 모두 고르시오.**

① 디지털 지갑의 비밀번호를 시드(seed) 문구 혹은 니모닉(mnemonic)으로 부른다.

② 핫 월렛(hot wallet) – 온라인 상태에서 해킹의 위협에 취약하다.

③ 하드웨어 콜드(cold) 지갑 – 여권과 유사하게 보안 칩을 사용하여 레이저 공격, 전자파 변조와 같은 위협으로부터 안전하다.

④ 하드웨어 지갑의 단점은 구입비용, 물리적 손상, 환경설정의 어려움 등이다.

⑤ 콜드 월렛 – 지갑을 분실하거나 파손한 경우 온라인으로 항상 복구할 수 있다.

26 **보기에서 설명하는 개념 및 현상은 무엇인가?**

〈보기〉

당신의 신뢰를 얻기 위해 합법적 사이트와 동일하게 보이는 가짜 상황을 만들어서 디지털 지갑의 비밀번호(mnemonic)를 탈취한다. 소비자는 NFT 생성을 위해 스마트 계약에 접속했다고 생각할 수 있다. 그런데 사실은 사기꾼이 당신이 스마트 계약의 상세한 과정을 보지 않는 것을 악용하여, 소비자 지갑에 있는 NFT를 탈취하는 것이다. 즉 '블라인드 서명'(blind signing)이 발생한다.

① 세일스포스 ② 트러스트 공격

③ 사회적 공학 공격 ④ 디지털 리터러시

⑤ 리얼 스캠

27 **레이어 기술의 설명으로 부적절한 것을 모두 고르시오.**

① 기술의 생겨난 순서로 말하면, 레이어2 레이어0 레이어1 레이어3이다.

② 레이어1에 속하는 디지털자산은 자체 블록체인 플랫폼을 지니고 있다.

③ 레이어0은 레이어1이 원활하게 실행될 수 있도록 네트워크와 하드웨어 등을 호환해 연결하는 것이 목적이다.

④ 레이어2는 레이어1의 속도와 확장성 개선을 목표로 하고 있다.

⑤ 레이어3은 디지털자산 거래의 시작, 처리, 완결을 위한 고유의 네트워크가 존재한다.

28 **레이어 기술의 사례로 부적절한 것을 모두 고르시오.**

① 레이어2와 관련된 P2E(Play-to-Earn, 플레이투언) 게임은 우리나라에서 현재 금지되었다.

② 레이어3은 실체가 다소 불분명하지만, 다양한 응용 소프트웨어가 작동하는 계층이다.

③ 레이어0의 대표적 사례는 이더리움이다.

④ 레이어2는 레이어1의 네트워크 수수료(gas fee)를 낮추고 1초당 처리량을 높이기 위해서 합의 알고리즘을 수정하는 것이다.

⑤ 워렌 버핏(Warren Buffett)은 "전 세계 모든 레이어1을 25달러에도 안 산다"라고 말했다.

29 **밈코인의 사례와 설명으로 적절한 것을 모두 고르시오.**

① 도지코인은 2013년에 처음 나와서, 10여 년이 지난 후에 시장에서 큰 성공을 거두었다.

② 2020년에 나온 시바이누는 밈코인 가운데 시가 총액이 두 번째로 많다.

③ 밈코인은 도지코인과 유사하게 PoW 방식을 대부분 따르고 있다.

④ 디지털 세상에서 태어난 최초의 밈코인은 1996년의 '베이비 차-차(Baby Cha-Cha)'이다.

⑤ 이누(Inu)로 끝나는 코인은 고양이 이미지를 소재로 한다.

30 **에어드롭의 사례와 설명으로 적절한 것을 모두 고르시오.**

① 밈코인을 구매하면, 비트코인을 주기적으로 에어드롭 받을 수 있다.

② 에어드롭의 경제적 가치를 설명하는 이론이 '머스크 효과'(Musk effect)이다.

③ 에어드롭은 새로운 코인과 토큰을 홍보하고 초기 이용자를 확보하여 네트워크 효과를 창출하는 것이 목적이다.

④ 공중의 에어(air)와 드롭(drop)의 합성어이다.

⑤ '밈코인 패러노이드(meme coin paranoid)'는 에어드롭 중독자를 부르는 용어이다.

※ 세일스포스의 웹3 소비자 교육 모듈을 부분적으로 참고했음.

정답 및 해설

문항	정답		해설
1	2	5	읽기-쓰기-소유로 확대됨
2	4		대량적 자가 소통(MSC, mass self-communication)
3	1	3	탈중앙화 서비스로 서로 일치하도록 함
4	3		직역하면 보급수준기술
5	4	5	소유권 등기와 같은 법적 구속력이 부재함
6	4	5	가상현실공간은 메타버스
7	4		DeFi
8	3		웹2 플랫폼의 문제점
9	1	3	법적 계약이 아님
10	1		큰 변동성
11	1	2	거래 종료 후 연결 해제가 안전함
12	2		개미 투자자의 조바심
13	3		직접 통화하지 않는 경향
14	4		계정 탈취를 시도하는 행위
15	1	4	디지털 이미지 그 자체가 NFT가 되는 것은 아님
16	4		법정 통화가 아님
17	3		한 번에 한 명의 소유자
18	2	5	중개인 제거하고 크리에이터 위한 새로운 시장 역학의 혁신
19	2	5	은행 업무를 위한 뱅킹 서비스가 아니며, 법적 서류도 아님
20	4		직역하면 분산 장치
21	1	4	Non-custodial 혹은 self-custody wallet 개인이 직접 관리 통제
22	4		익명성은 유지됨
23	5		PoS가 지분위임 방식
24	4		Validator가 당연직은 아니다.
25	5		제조사에 따라 복구 여부가 달라진다.
26	3		해킹 공격의 일종
27	1	5	레이어1이 먼저 나왔으며 고유 네트워크 존재
28	3	5	이더리움은 레이어1이며 버핏이 말한 건 비트코인이다
29	1	2	밈코인 PoS가 대세, 베이비 차차 밈 최초 사례, 이누는 강아지
30	3	4	머스크 효과는 머스크가 지지하는 밈코인 급등 현상

출처

1장

영남일보 2022-08-12
영남일보 2023-07-14
영남일보 2023-11-10
영남일보 2022-09-09
영남일보 2023-03-24
영남일보 2023-08-11
영남일보 2023-06-16
영남일보 2023-12-12
영남일보 2023-09-08
영남일보 2023-08-21
영남일보 2023-11-24

2장

영남일보 2023-12-07
영남일보 2022-12-30
영남일보 2023-05-19
부경대학신문, 2022-06-14
대구신문, 2022-04-27
대구신문, 2022-05-25
대구신문, 2022-03-16

3장

영남일보 2022-12-02
영남일보 2023-01-27
영남일보 2023-02-24
영남일보 2023-04-21
영남일보 2022-09-18

참고문헌

1 Castells, M. (2009). Communication power. Oxford: Oxford University Press.

2 Uysal, N. & Yang, A. (2013), The power of activist networks in the mass self–communication era: A triangulation study of the impact of WikiLeaks on the stock value of Bank of America Public Relations Review. 39, 459–469

3 Park, S.J., Lim, Y.S., & Park, H.W. (2015). Comparing Twitter and YouTube Networks in Information Diffusion: The Case of the "Occupy Wall Street" Movement. Technological Forecasting & Social Change. 95, 208–217.

4 http://codecon.kr

5 Goel, A.K., Bakshi, R., Agrawal, K.K. (2022). Web 3.0 and Decentralized Applications. Mater. Proc. 2022, 10, 8. https://doi.org/10.3390/materproc2022010008

6 Medium.com에 게시된 Web 3.0 wallets and upcoming innovations

7 https://www.statista.com/statistics/343127/number–bitcoin–atms/#:~:text=As%20of%20November%201%2C%202022,and%20sell%20the%20virtual%20money.

8 https://www.statista.com/statistics/343127/number–bitcoin–atms/#:~:text=As%20of%20November%201%2C%202022,and%20sell%20the%20virtual%20money.

9 https://stibee.com/api/v1.0/emails/share/9otRotDMwsmk3R7K–qvJ3Ndk9wNFcBA=

10 https://texasblockchaincouncil.org/dontmesswithtexasinnovation

11 https://medium.com/@nick.5montana/blockchain–layers–l0–l1–l2–l3–in–a–diagram–569162398db

12 https://a16z.com/2022/03/30/investing–in–layerzero/

13 https://n.news.naver.com/article/138/0002129215

14 https://news.v.daum.net/v/20190502172536394?s=print_news

15 https://namu.wiki/w/ASMR

16 https://bounties.gitcoin.co/grants/7117/nimieth

17 http://www.speaks.kr/news/articleView.html?idxno=1145

18 https://bitkan.com/learn/how-many-metamask-wallets-are-there-why-does-metamask-have-many-users-6016

19 https://www.nft-stats.com/collection/ens

20 https://navdeepyadav.medium.com/6-amazing-blockchain-business-models-you-must-know-with-examples-8eb0eae54db5

21 https://blog.startupstash.com/five-shifts-from-web2-to-web3-b29d167dba68

22 https://www.nytimes.com/2022/06/01/sports/soccer/champions-league-final-tickets.html

23 https://www.hankyung.com/society/article/2023051974851

24 https://futuretodayinstitute.com/wp-content/uploads/2023/03/2023_TR_Executive_Summary.pdf

25 https://contentsuniverse.com/

26 https://www.edns.domains/

27 https://www.elspub.com/journals/blockchain/special_issues/blockchain-and-artificial-intelligence-synergies-and-opportunities

28 https://www.salesforce.com/products/web3/overview/

29 https://www.cs.umb.edu/~duc/www/

30 https://openai.com/blog/partnership-with-american-journalism-project-to-support-local-news

31 https://medium.com/coinmonks/hottest-blockchain-trends-of-2024-68a88596e27d

32 https://medium.com/@nfttechnologies/what-is-nftfi-everything-you-need-to-know-74a9e8905096

33 https://medium.com/@nfttechnologies/what-is-nftfi-everything-you-need-to-know-74a9e8905096

34 https://blog.devgenius.io/erc-4907-the-nft-rental-standard-edb60fe6527b

35 https://ownermarket.net/community/notice_post/10

36 https://stibee.com/api/v1.0/emails/share/p1B5q-H0_4YmQxvD3-flOryKac8MRA==

37 https://www.kiat.or.kr/front/board/boardContentsView.do?board_id=71&contents_id=4c84d1fefa8e44219dcf2888b5ce46d0&MenuId=35bd4b3ff7584e61912afb53aba698fd

38 https://www.yna.co.kr/view/AKR20220519004900072

39 https://www.coindesk.com/markets/2021/03/03/the-decoder-have-fun-staying-poor/

40 https://scienceon.kisti.re.kr/srch/selectPORSrchArticle.do?cn=NART69330235

41 https://vitalik.ca/

42 상세한 내용은 다음을 참고하기 https://www.youtube.com/watch?v=dN8Est9GP2c&list=PLpRIUFzlvALNG5mmjLbvhsSS4d4z20LQE&index=38

43 상세한 내용은 다음을 참고하기 https://www.youtube.com/watch?v=GJM3xIkhFFg&list=PLpRIUFzlvALNG5mmjLbvhsSS4d4z20LQE&index=56&t=24s

44 상세한 내용은 다음을 참고하기 https://www.youtube.com/watch?v=YzcQi3Ub4To&list=PLpRIUFzlvALNG5mmjLbvhsSS4d4z20LQE&index=1

45 상세한 내용은 다음을 참고하기 https://vitalik.ca/general/2021/12/19/bullveto.html

46 상세한 내용은 다음을 참고하기 https://vitalik.ca/general/2021/03/23/legitimacy.html

47 H.E. Justin Sun 트위터 계정 @justinsuntron 2022년 1월 4일 "The biggest #DAO in the world. I want to say it is #Ethereum but currently #ETH holders just can't vote in Ethereum network."

48 상세한 내용은 다음을 참고하기 https://medium.com/@nick.5montana/where-the-top-vc-funds-are-investing-in-crypto-web3-4bdff29032fb

49 최나미 (2023). '평균'이 사라진 시대. Happicox, Vol. 55, pp. 40~41.

50 https://patents.google.com/patent/KR102479195B1/ko

51 Xu, W.W., Park, J.Y., Kim, J.Y., & Park, H.W. (2016). Networked cultural diffusion and creation on YouTube: An analysis of YouTube memes. Journal of Broadcasting & Electronic Media. 60(1), 104-122.

52 Tanni, V. (2020). Memestetica. Roma: NERO.

53 https://www.youtube.com/watch?v=082ewOwoYHM

54 https://www.news1.kr/articles/?4792492

55 https://coinmarketcap.com/view/memes/

56 https://ko.wikipedia.org/wiki/Hodl

57 https://coinmarketcap.com/ko/currencies/wagmierc/

58 https://knowyourmeme.com/memes/pepe-the-frog

59 https://coinmarketcap.com/ko/currencies/norf-finance/

60 https://www.urbandictionary.com/define.php?term=Pajeet

61 https://coinmarketcap.com/currencies/meta-billionaires-club/

62 Missed $DOGE, Get $FLOKI

63 https://newyorkfolk.com/finance/uk-advertising-watchdog-bans-floki-inu-london-ad-campaign/

64 https://coinmarketcap.com/alexandria/article/elon-musk-hints-dogecoin-will-moon-when-he-hosts-saturday-night-live

65 https://coinmarketcap.com/alexandria/article/elon-musk-shares-surreal-lion-king-picture-and-calls-dogecoin-the-peoples-crypto

66 https://voi.id/en/technology/99886/who-is-the-creator-of-shiba-inu-shib-who-calls-himself-ryoshi

67 Day 27/365 to get @elonmusk to like a tweet about @ZinuToken. If #ElonMusk likes this post it'll be like diving into a pool full of money.

찾아보기

나만 모르는 **웹3**

밈코인 소통론

저　　자　박한우
발 행 인　김지영
발 행 처　자유아카데미
주　　소　경기도 파주시 회동길 37-42
　　　　　파주출판도시
전　　화　031-955-1321
팩　　스　031-955-1322
홈페이지　www.freeaca.com
전자우편　main@freeaca.com(대표)
　　　　　editor@freeaca.com(편집)
　　　　　crm@freeaca.com(영업)
등　　록　제406-2003-017호, 1980. 7. 12
제1판1쇄　2024년 4월 5일 발행

ISBN 979-11-5808-578-0 93000